Mirco Lang

Learning Management Systeme (LMS) im Vergleich

Open Source-Lösungen oder proprietäre Produkte?

disserta
Verlag

Lang, Mirco: Learning Management Systeme (LMS) im Vergleich: Open Source-Lösungen oder proprietäre Produkte? Hamburg, disserta Verlag, 2015

Buch-ISBN: 978-3-95425-872-7
PDF-eBook-ISBN: 978-3-95425-873-4
Druck/Herstellung: disserta Verlag, Hamburg, 2015
© 2014 Sculpt, www.startupstockphotos.com, CC BY 4.0 http://creativecommons.org/licenses/by/4.0/

Bibliografische Information der Deutschen Nationalbibliothek:
Die Deutsche Nationalbibliothek verzeichnet diese Publikation in der Deutschen Nationalbibliografie; detaillierte bibliografische Daten sind im Internet über http://dnb.d-nb.de abrufbar.

© disserta Verlag, Imprint der Diplomica Verlag GmbH
Hermannstal 119k, 22119 Hamburg
http://www.disserta-verlag.de, Hamburg 2015
Printed in Germany

Abstract

Primäres Ziel der vorliegenden Arbeit war es, zu untersuchen, inwiefern eLearning-Plattformen auf Open Source-Basis einen qualitativen Vergleich mit ihren proprietären Pendants bestehen können. Zusätzlich sollten hochwertige Open Source-Plattformen identifiziert und beschrieben werden.

Zur Lösung dieser Fragestellung wurden, nach einer allgemeinen Einführung in das Open Source-Thema, eine Auswahl von Open Source-Produkten sowie die beiden proprietären Marktführer anhand eines Kriterienkataloges dargestellt und verglichen.

Im Wesentlichen ließ sich feststellen, dass die Bereiche Open Source und proprietäre Software qualitativ weitgehend ebenbürtig sind, da vier Kategorien pro Open Source Software, drei Kategorien pro proprietärer Software und weitere neun Kategorien unentschieden ausgefallen sind. Als besonders erwähnenswerte Open Source-Produkte haben sich dabei die Plattformen *ATutor*, *Ilias* und *Moodle* hervorgehoben.

Inhaltsverzeichnis

Abbildungsverzeichnis

Tabellenverzeichnis

Abkürzungsverzeichnis

AICC	Aviation Industrie CBT Committee
API	Application Programming Interface
CI	Coporate Identitiy
CBT	Computer Based Training
CVS	Concurrent Versions System
CSS	Cascading Style Sheets
GUI	Graphical User Interface
LDAP	Light Directory Access Protocol
LOM	Learning Object Metadata
KMU	Kleine und Mittlere Unternehmen
LMS / LCMS	Learning (Content) Management System
OSS	Open Source Software
RDBMS	Relative Database Management System
SCORM	Shareable Content Object Reference Model
SDK	Software Development Kit
SSL	Secure Socket Layer
TCO	Total Costs of Ownership
WBT	Web Based Training

1. Einleitung

1.1. Einführende Worte

eLearning-Plattformen finden mehr und mehr Verbreitung, in der Privatwirtschaft und besonders im Hochschulwesen. *„Fast alle Hochschulen und Hochschulverbünde stehen demnächst vor der Entscheidung, welche Lernplattform sie beschaffen sollen"*[1] schreibt *R. Schulmeister* in der Einleitung seiner Arbeit über Lernplattformen, die eines der beiden Grundlagenwerke für diese Arbeit ist. Der Markt für solche eLearning-Systeme ist mittlerweile sehr umfangreich und lässt die Identifikation von weit über 100 Produkten zu. Es stellt sich also die Frage, welche dieser Plattformen die geeignetste für die eigenen Bedürfnisse ist. Folglich wurden in den vergangenen drei Jahren Evaluationen durchgeführt, die versuchten, diese Frage zu beantworten. Zu den umfangreichsten Veröffentlichungen dieser Art, zusammen mit der von *Schulmeister*, gehört das zur gleichen Zeit entstandene *E-Learning Praxishandbuch*[2] von *Baumgartner*, welches das zweite grundlegende Werk dieser Arbeit ist. In beiden Publikationen werden einige durch den Evaluationsprozess herausgefilterte Produkte eingehend dargestellt. Dabei handelt es sich, mit einer Ausnahme (dem Projekt der *Universität Köln, Ilias*), ausschließlich um kommerzielle, proprietäre und äußerst kostenintensive Plattformen. *„ Man muß ungefähr mit etwa 250.000 Euro für eine Laufzeit von drei Jahren rechnen".*[3] Da stellt sich schnell die Frage nach günstigeren Open Source-Alternativen, wie es sie für viele andere Bereiche wie Office (*OpenOfficeOrg*) und Betriebssysteme (*Linux*) auch gibt. Dies gilt besonders für kleinere Universitäten.

Der Markt für Open Source (OS) eLearning-Plattformen ist noch sehr jung und schwierig zu durchschauen. OS-Plattformen finden in besagten Evaluationen kaum Berücksichtigung, lediglich vier der 105 Evaluanden der Untersuchung von *Schulmeister* finden sich auch bei *Baumgartner* – dagegen stehen 84 Übereinstimmungen

---

[1]Schulmeister, Rolf: Lernplattformen für das virtuelle Lernen : Evaluation und Didaktik, Oldenbourg, 2003
[2]Baumgartner, Peter; Häfele Hartmut; Maier-Häfele, Kornelia: E-Learning Praxishandbuch – Auswahl von Lernplattformen, StudienVerlag, 2002
[3]Schulmeister, Rolf: Lernplattformen für das virtuelle Lernen : Evaluation und Didaktik, Oldenbourg, 2003, S.33

im proprietären Bereich.[4] Die wenigen OS-Produkte scheitern zudem meist schon in einer frühen Evaluationsphase (was sich allerdings häufig auf den sehr jungen Entwicklungsstatus zurückführen lässt).

Bislang existiert für diesen Bereich erst eine einzelne englischsprachige Studie, die ausschließlich OS-Plattformen evaluiert[5]. Da die Ergebnisse der Studie erst seit kurzem zur Verfügung stehen, konnten sie bei der Planung dieser Arbeit leider nicht berücksichtigt werden – allerdings korrelieren die wesentlichen Empfehlungen der Evaluation mit denen dieser Arbeit und werden im Fazit nochmals aufgegriffen.

Es lassen sich also kaum klare Aussagen über den Open Source-Markt machen. Aufgrund der extrem schnellen Weiterentwicklung von OSS sind auch die Aussagen über die wenigen berücksichtigten Produkte lediglich eine Momentaufnahme. Auch Schulmeister bemängelt, *„dass in Diskussionen über Open Source Lernplattformen in der Regel nur wenige Produkte genannt werden, wobei ausländische Lösungen selten einbezogen werden. Es scheint hier noch Informationsdefizite zu geben"*[6].

Die Disskussion wird pauschal und kontrovers geführt. Sehr anschaulich zeigen dies fünf Interviews, die im Rahmen eines Virtual Roundtable von www.global-learning.de mit mehreren Experten aus Wissenschaft und Wirtschaft Anfang des Jahres geführt wurden. Auf die standardisierten Fragen werden teilweise gänzlich konträre Antworten gegeben – die Zugehörigkeit des Interviewten zu Forschung oder Privatwirtschaft ist meist eindeutig erkennbar. Dieselbe Diskussion, die um Open Source Software generell geführt wird, z.B. *Apache Server* vs. *Microsoft Server* und vor allem *Linux* vs. *Windows*, findet hier im kleineren Rahmen statt.

Diese allgemein gehaltene Diskussion führt nun direkt zu der konkreten Fragestellung und folglich dem Ziel dieser Arbeit.

---

[4]Vgl. ebenda
[5]o.V.: Commonwealth of Learning - LMS Open Source Report, http://www.col.org, 2003
[6]Schulmeister, Rolf: Virtual Roundtable eLearning, Interview mit www.global-learning.de, 2004

1.2. Fragestellung und Ziel

Können eLearning-Plattformen auf Open Source-Basis einen qualitativen Vergleich mit hren proprietären, kommerziellen Gegenstücken bestehen? Dieser sehr allgemeinen Fragestellung geht diese Arbeit nach, und folgt damit der pauschalisierten Diskussion um Qualität und Nutzen von Open Source eLearning-Plattformen.

Evaluationen suchen ganz konkret nach der einen bestmöglichen Lösung für eine bestimmte Situation – und lassen Open Source-Plattformen weitgehend außen vor. Doch wieviel Aufmerksamkeit sollte dem Open Source-Markt in diesem Bereich geschenkt werden? Wie intensiv sollten OS-Plattformen in Evaluationen berücksichtigt und demnach auch budgetiert werden? Lässt sich allgemein ein klarer Qualitätsunterschied zwischen proprietärem und Open Source-Marktsegment ausmachen?

Primäres Ziel dieser Arbeit ist es nun festzustellen, ob der Open Source-Sektor den Vergleich mit dem proprietären bestehen kann. Dafür ist es nicht relevant, ob einzelne OS-Plattformen in allen Bereichen mit den kommerziellen Pendants konkurrieren können, sondern ob die Gesamtheit aller Eigenschaften und Funktionalitäten aller Plattformen einem qualitativen Vergleich stand hält – schließlich sollen in erster Linie Aussagen über das Marktsegment Open Source gemacht werden und nicht über spezifische Produkte.

Sekundäre Ziele sind die Darstellung der untersuchten Produkte, insbesondere der OSS, sowie das Aufzeigen des vorhandenen Entwicklungsbedarfs. Die zur Erreichung dieser Ziele notwendige intensive Untersuchung der Plattformen soll zusätzlich die Identifikation hochwertiger OS-Plattformen erlauben.

1.3. Aufbau

An diese Einleitung schließt sich in Kapitel 2 eine Abgrenzung der Fachbegriffe an.

Kapitel 3 ist eine Open Source-Einführung, die Ansatz, Entwicklungsprozess, Bezugsquellen und populäre Beispiele beschreibt. Weiters werden die üblicherweise angenommenen Vor- und Nachteile aufgeführt.

Kapitel 4 wird dann einen Einblick in den Open Source eLearning-Markt gewähren, indem Produkte und Informationsquellen tabellarisch aufgearbeitet werden.

Kapitel 5 zeigt auf, welche Produktarten in die Untersuchung einbezogen wurden, stellt die ausgewählten Plattformen kurz vor und erläutert die Kategorien, anhand derer die Marktsegmente verglichen werden.

Kapitel 6 ist der Hauptteil der Arbeit. Hier werden die Open Source-Plattformen und ihre proprietären Gegenstücke nach einzelnen Kategorien beschrieben und verglichen. Mehr hierzu im anschließenden Kapitel Methodik.

Kapitel 7 widmet sich der Gesamtauswertung des Vergleichs, somit der Beantwortung der zentralen Frage, und fasst zu diesem Zweck die Vor- und Nachteile des OS-Segments zusammen. Anschließend werden Entwicklungsbedarf und Aussichten aufgeführt.

Fazit und Zusammenfassung finden sich schließlich in Kapitel 8.

1.4. Methodik

Um die Frage nach der Konkurrenzfähigkeit des Open Source-Segmentes gegenüber dem proprietären Segment zu beantworten, werden Repräsentanten beider Segmente anhand eines Kriterienkatalogs dargestellt und verglichen. Für den proprietären Bereich dienen hierzu die beiden Marktführer, dem gegenüber stehen sieben Open Source-Produkte (genauere Angaben zur Auswahl der Plattformen und Vergleichskriterien finden sich in *Kapitel 5*). Eine konkrete Punktevergabe oder gar eine Gewichtung der Kriterien findet nicht statt, da dafür einerseits eine Expertengruppe (oder größere Testnutzergruppe) benötigt würde, und es sich andererseits weniger um eine Evaluation, die einer konkreten Situation bedürfte, als um einen darstellenden Vergleich handelt.

Da nicht die einzelnen Plattformen, sondern die Kategorien im Vordergrund stehen, erfolgt der Vergleich nach folgendem Schema:

Kriterium 1 – Beschreibung Proprietär, Beschreibung Open Source, Beurteilung

Kriterium 2 – Beschreibung Proprietär, Beschreibung Open Source, Beurteilung

Kriterium 3 – Beschreibung Proprietär, Beschreibung Open Source, Beurteilung

usw.

Es werden also zunächst die beiden proprietären, und anschließend die offenen Produkte beschrieben. Gleichartige Plattformen werden dabei ggf. zusammengefasst dargestellt, es gibt keine weitere Untergliederung für die einzelnen Kandidaten.

Die Beschreibung der OSS fokussiert sich häufig auf das beste Produkt der jeweiligen Kategorie und beinhaltet Screenshots zur Veranschaulichung. Die Beurteilung beantwortet in der Folge die Frage, ob das OS-Segment in dieser Kategorie die Qualitäten des proprietären erreichen oder ggf. auch übertreffen kann. Da es, wie bereits erwähnt, um die Gesamtheit der Eigenschaften geht, reicht es hierfür aus, dass einzelne Plattformen diese Qualitäten erreichen.

Datenbasis für den Vergleich sind die im Anhang befindlichen Datenblätter aller Plattformen[7]. Diese können herangezogen werden, um einen Überblick über eine einzelne Plattform zu gewinnen, da obiges Vergleichsschema hier umgekehrt vorzufinden ist:

Plattform A – Kriterium 1, Kriterium 2 ... Kriterium n

Plattform B – Kriterium 1, Kriterium 2 ... Kriterium n

Plattform C – Kriterium 1, Kriterium 2 ... Kriterium n

usw.

Die Datenerhebung erfolgte mit einer Ausnahme hauptsächlich durch intensive Tests der Plattformen. Sechs der sieben OS-Produkte wurden auf lokalen Installationen[8] getestet, für das siebte und eines der proprietären Produkte standen ausreichende Demoinstallation im Internet zur Verfügung. Desweiteren wurden Whitesheets, die Internetseiten der Hersteller und für einzelne Produkte die beiden Arbeiten von *Schulmeister* und *Baumgartner* herangezogen.

---

[7] Anmerkung: Die Daten im Text sind teilweise aktueller als in den Datenblättern, da während des Schreibens ständig ein Abgleich mit aktuellen Versionen stattfand unddie Datenblätter ursprünglich lediglich als Hilfsmittel für den Autoren dienen sollten.

[8] Eine Beschreibung der Testumgebung findet sich im Anhang. Die OS Plattform Ilias wurde nicht lokal installiert, da dies mit erheblichen Aufwand verbunden wäre und profunde Linux Kentnisse voraussetzt, deren Erarbeitung den Rahmen dieser Arbeit überschreiten würde.

2. Begriffsdefinitionen und -abgrenzungen

Lernplattform

Eine genaue Definition von Lernplattformen findet sich im Kapitel 5.4. An dieser Stelle sei lediglich darauf hingewiesen, dass die Bezeichnungen Lernplattform, eLearning-Plattform, Learning Management System (LMS) und teils auch Learning Content Management System (LCMS) in dieser Arbeit gleichbedeutend genutzt werden. Eine weitere Abgrenzung dieser Begriffe scheint aufgrund des praktischen Bezugs dieser Arbeit nicht sinnvoll.

Open Source

Open Source steht in dieser Arbeit für Software, die inklusive Quellcode frei zu beziehen ist, also keine Lizenz- oder Anschaffungskosten verursacht, modifiziert werden darf und auch im kommerziellen Bereich genutzt werden kann. Produkte mit entsprechenden Merkmalen werden in dieser Arbeit durchgehend als Open Source Software oder OSS bezeichnet, auch wenn formal eine Zuordnung zu Free Software möglich wäre

Eine Abgrenzung von Free Software und Open Source Software findet sich im anschließenden Kapitel 3.1.1.

Proprietär

„Proprietär beschreibt den Zustand, bei dem ein Individuum oder eine Firma die exclusiven Copyright Rechte an einer Software hält, und anderen gleichzeitig Zugang zum Quelltext, das Recht die Software zu kopieren, verändern oder zu studieren verbietet."[9] Proprietarität bedeutet für Endnutzer entsprechend eine gewisse Abhängigkeit vom Hersteller; dies gilt beispielsweise für Lizenzkostenpolitik, Serviceleistungen, Dateiformate und Sicherheitsaspekte.

Beta-Version, Nightly-Build, CVS

Beta-Versionen sind Softwareprodukte, deren Entwicklung noch nicht vollständig abgeschlossen ist, die aber zu Testzwecken bereits in unvollendeter Form veröffentlicht werden (Folge sind häufig kleinere Fehler).

---

[9]o.V.: http://de.wikipedia.org, 2004

Nightly-Build bezeichnet die Version einer Software auf neuestem Stand, d.h. unter Berücksichtigung auch kurzfristig hinzugefügter Code-Zeilen, die ggf. noch nicht getestet sind und eventuell später wieder entfernt werden.

„Das Concurrent Versions System (CVS) bezeichnet ein Programm zur Versionsverwaltung von Quellcode."[10] Einige Open Source Produkte lassen sich auch als CVS-Versionen downloaden. Diese können einem Nightly-Build entsprechen, aber auch diverse Entwicklungsrichtungen eines Teilprogrammes berücksichtigen. Wenn zwei Entwickler das gleiche Problem auf verschiedenen Wegen angegangen sind, ließen sich so z.B. die Programmversionen miteinander vergleichen. Interessant sind CVS-Versionen allerdings hauptsächlich für Entwickler.

---

[10]ebenda

3. Das Open Source-Konzept

3.1. Grundlagen

3.1.1. Der Open Source-Ansatz

Hinter Open Source Software lassen sich zwei verschiedene Bewegungen (Open Source Software / Free Software) ausmachen, die sehr unterschiedliche Ansätze haben.

Der Grundgedanke der Open Source-Bewegung ist, die Qualität und Entwicklungsdauer einer Software durch Offenlegung des Quellcodes zu optimieren. Auf diese Weise können zum einen Programmierer den Code lesen, modifizieren und weiterverbreiten, zum anderen können Anwender das Programm an eigene Bedürfnisse anpassen und bei der Fehlerbehebung mithelfen.[11]

Der Grundgedanke der Free Software-Bewegung ist, dem Nutzer Freiheit zu gewähren. Er soll das Recht haben, ein Programm für jegliche Zwecke zu benutzen, es zu verstehen (durch Einsicht in den Quellcode), weiterzuverbreiten und zu modifizieren. Bei diesem Ansatz steht der ethische Anspruch im Vordergrund.[12]

Für den allgemeinen und wirtschaftswissenschaftlichen Gebrauch ist diese Verzweigung allerdings nur von geringer Bedeutung. Zwar differieren die beiden Bewegungen deutlich in ihren Grundsätzen, stimmen aber in den wesentlichen Empfehlungen (Verfügbarkeit des Source Codes, Recht auf Modifikation etc.) überein und verfolgen letztlich beide das Ziel, freie Software zu verbreiten.[13]

3.1.2. Entwicklung von Open Source Software

Neben den Produkten selbst unterscheiden sich auch die Entwicklungsprozesse von OSS und proprietären Produkten wesentlich.

---

[11] Vgl. o.V.: Open Source Initiative, http://www.opensource.org, 2004
[12] Vgl. o.V.: Free Software Foundation, http://www.gnu.org, 2004
[13] Vgl.: Gacek, Christina; Lawrie, Tony; Arief, Budi: The many meanings of Open Source 1999, University of Newcastle

Zur Charakterisierung der unterschiedlichen Entwicklungsarten für proprietäre und Open Source Software seien hier die Grundüberlegungen des viel zitierten Vergleichs „The Cathedral and the Bazaar" von Eric S. Raymond genannt.

Proprietäre Software wird von einer geschlossenen Gruppe von Programmierern entwickelt und in einer weit fortgeschrittenen Version mit möglichst wenig Bugs veröffentlicht. Im kommerziellen Bereich gehört es in der Regel zur Zielsetzung, dem Nutzer ein weitgehend fehlerfreies Produkt zukommen zu lassen. In Folge dessen vergeht zwischen Projektstart und Release der Software vergleichsweise viel Zeit. Gleiches gilt für den Release von Service-Packs, da auch das Debugging von dem geschlossenen Entwicklerkreis vorgenommen wird.[14]

OSS hingegen wird von einer Community entwickelt. Diese besteht im Allgemeinen aus einem kleinen Kern intensiv involvierter Programmierer, einem Kreis sich engagierender Mitarbeiter, welche durch Problemberichte, Bug-Fixes und Erweiterungen helfen, sowie einem großen Kreis von Nutzern. Die Übergänge zwischen den einzelnen Kreisen sind flüssig und ermöglichen so auch einen Rollenwechsel.[15]

Die zentrale Koordination des Projekts wird von den Initiatoren über die im folgenden Kapitel erläuterten Mediatoren-Plattformen geleitet.

Bei diesem Modell wird die Software sehr früh und sehr häufig freigegeben; auf diese Weise finden Entwicklung und Fehlerbehebung nicht mehr nacheinander, sondern parallel statt. Die im proprietären Bereich komplizierte und langwierige Fehlerbehebung durch eine kleine Gruppe von Entwicklern und evtl. Beta-Testern wird hier durch Einbeziehung der Community vereinfacht bzw. beschleunigt. Ab einem gewissen Entwicklungsstand sind in der Regel eine stabile Version und eine in Teilen experimentelle Version (Nightly Build, Beta-Version) für aktive Community-Mitglieder zu beziehen.[16]

---

[14] Vgl. Raymond, Eric S.: The Cathedral and the Bazaar, http://www.catb.org, 1999
[15] Vgl. O'Reilly, Tim: Ten Myths about Open Source Software, http://www.oreillynet.com, 1999
[16] Vgl. Raymond, Eric S.: The Cathedral and the Bazaar, http://www.catb.org, 1999

Die unterschiedlichen Entwicklungsmodelle beruhen nach *Raymond* also auf fundamental unterschiedlichen Auffassungen von Fehlerbehebung. Aus seiner zentralen These, *„Given enough eyeballs, all bugs are shallow"*[17], ergibt sich, dass die Quantität der Entwicklungsbeteiligten entscheidend für die Qualität der OSS ist.[18]

3.1.3. Bezugsquellen von Open Source Software

Für OSS gibt es im Wesentlichen zwei Bezugsquellen. Zum einen gegen Gebühr auf physischen Datenträgern, mit Handbüchern und (häufig) Zusatzprogrammen, beispielsweise die *Linux*-Distributionen von *RedHat* oder *SuSe*.[19]

Zum anderen werden, bedingt durch die große Anzahl von OS-Produkten, Marktplätze im Internet benötigt. Die so genannten Mediatoren vermitteln über Portale zwischen Nutzern, Programmierern und Unternehmen. Desweiteren dienen sie zur Koordination von Projekten und Projektbeteiligten.[20]

Der Bezug von OSS über Internet-Portale bietet auch einen deutlichen Vorteil bzgl. der Aktualität. Aufgrund der häufigen Veröffentlichungen von neuen Produktversionen liegt die Time-To-Market bei Distribution über physische Datenträger kaum noch im akzeptabeln Bereich. Dies zeigt sich besonders stark bei Treibersoftware. Die mit Computer-Hardware auf CD ausgelieferten Treiber liegen i.d.R. versions- und häufig auch leistungsmäßig deutlich hinter den aktuellen Downloads der Hersteller-Homepages.

Im Folgenden seien einige dieser Mediatoren kurz skizziert.

Sourceforge

Mit 27.643 Projekten und 751.300 registrierten Usern ist *SourceForge* die größte Entwicklungsplattform für OSS im Netz.

Neben umfangreichen Such- und Informationsfunktionen (Entwicklungsstatus, Zielgruppe, Versionskontrolle etc.) zu Softwareprojekten bietet *SourceForge* auch Ser-

---

[17] "Alle Bugs sind trivial, wenn man nur genügend Entwickler hat", Übersetzung von Reinhard Gantar
[18] Vgl. Raymond, Eric S.: The Cathedral and the Bazaar, http://www.catb.org, 1999
[19] Diese Art der Distribution deckt allerdings nur einen kleinen Teil der gesamten OSS dar und steht i.d.R. nur für umfangreichere Produkte wie Linux oder OpenOffice zur Verfügung.
[20] Vgl. Hang, Jiayin; Hohensohn, Heidi Dr.: Eine Einführung zum Open Source Konzept aus Sicht der wirtschaftlichen und rechtlichen Aspekte, C-LAB Report Vol. 2, http://www.c-lab.de, 2003, S. 60 f.

vices für Entwickler und Projektgruppen (z.B. Testumgebungen und Projektmanagement-Tools).[21]

Freshmeat

Im Gegensatz zu *SourceForge* ist *Freshmeat* in erster Linie für Endnutzer konzipiert und konzentriert sich auf Downloads und Produktinformationen. So liegt die Anzahl der gehosteten Projekte mit 31.089 über der von *SourceForge*, die Anzahl der registrierten User mit 233.983 allerdings deutlich darunter.[22]

BerliOS

Die deutschsprachige Plattform *BerliOS* versteht sich als Vermittler zwischen Entwicklern, Anwendern und Industrie. Der Umfang von *BerliOS* ist deutlich geringer als bei *Freshmeat* und *SourceForge*. Ähnlich wie *SourceForge* bietet auch *BerliOS* eine Reihe von Services, wie die folgende Navigationsgrafik veranschaulicht (Abb. 1).[23]

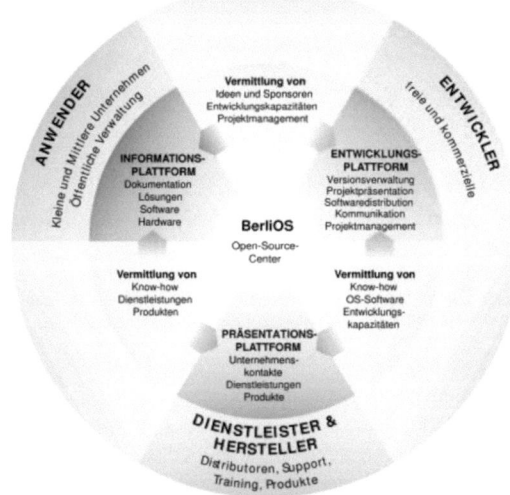

Abbildung 1: BerliOS Navigation Pie
Quelle: http://www.berlios.de

[21] Vgl. http://sourceforge.net, 28.05.2004
[22] Vgl. http://freshmeat.net, 30.05.2004
[23] http://www.berlios.de, 2004

3.1.4. Populäre Beispiele von Open Source Software

Apache

Apache ist seit 1996 der verbreitetste Webserver im Internet. Mit einem Marktanteil von mittlerweile über 64% lässt *Apache* den konkurrierenden *Microsoft Internet Information Server (IIS)* deutlich hinter sich.[24]

Auch bezüglich Leistung, Sicherheit, Skalierbarkeit und anderer Kriterien liegt der *Apache* Webserver in vielen Studien vor *Microsofts IIS*. Bedingt durch das sehr variable Umfeld einer Serversoftware und der eingesetzten Testmethode gibt es aber auch entgegengesetzte Ergebnisse.[25]

Linux

Linux nimmt auf dem Markt für Serverbetriebssysteme nach einer Studie von *IDC* mit 23,1% den zweiten Platz hinter *Microsoft* mit 55,1% ein. Bei Clientbetriebssystemen (Desktops) kommt *Linux* lediglich auf 2,8%, *Microsoft* dominiert hier mit 93,8% deutlich.[26]

Qualitativ gilt, wie für den *Apache* Webserver, dass in Abhängigkeit von Auftraggeber, Testmethode und Testumfeld Studien zu Gunsten von *Microsoft* als auch zu Gunsten von *Linux* existieren.

Festhalten lässt sich jedoch, dass OSS im Vergleich mit *Microsoft „zumindest gezeigt hat, dass sie konkurrenzfähig ist, und unter einigen Umständen den Wettbewerb gewinnt."*[27]

Beispielhaft für die Sicht der Nutzer bzgl. *Linux* sei hier das Ergebnis einer Befragung von *IDC* angeführt.[28]

---

[24] Vgl. http://httpd.apache.org, 30.06.2004
[25] Vgl. Wheeler, David A.: Why Open Source Software / Free Software (OSS/FS)? Look at the Numbers!, http://www.dwheeler.com, 2004
[26] Vgl. o.V.: Microsoft-Betriebssysteme dominieren weiter, http://www.heise.de, Meldung vom 08.10.2003
[27] Vgl. Wheeler, David A.: Why Open Source Software / Free Software (OSS/FS)? Look at the Numbers!, http://www.dwheeler.com, 2004
[28] Vgl. Bailey, Michelle; Turner, Vernon; Bozman, Jean; Waxman, Janet: Linux Servers: What's the Hype, and What's the Reality, IDC, 2000

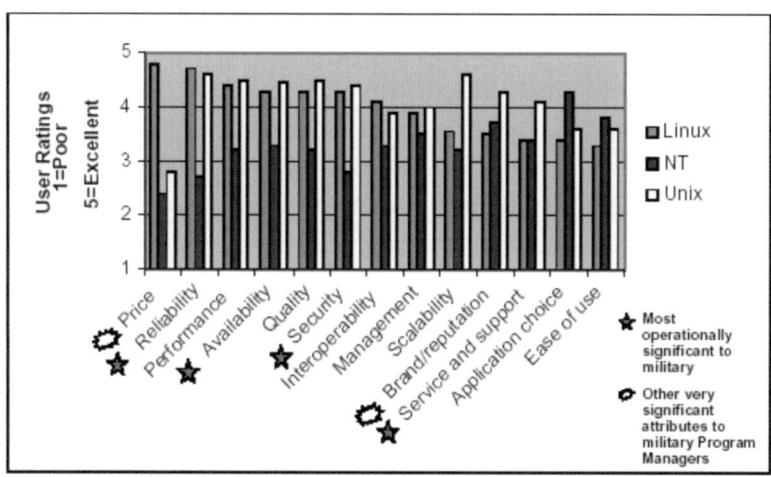

Abbildung 2: User Ratings by Server Operating System
Quelle: Kenwood, Carolyn A.: A Business Case Study of Open Source Software, 2001

OpenOffice.org

Aus dem Bereich Anwendungsprogramme sticht besonders die *MS-Office* Konkurrenz *OpenOffice.org (OOO)* heraus. Die Office Suite besteht aus Applikationen für Textverarbeitung, Tabellenkalkulation, Präsentation, Zeichnungen und HTML- Dokumente. Bis auf ein Datenbank Management System (*MS-Access*) und einen integrierten eMail Client (*MS Outlook*) entspricht das von *Sun Microsystems* koordinierte Projekt, sowohl Umfang als auch Funktionalität betreffend, weitgehend *Microsofts* Produkt.

OOO wurde bisher etwa 18 Millionen mal herunter geladen.[29] Hinzu kommen Versionen aus Distributionen, beispielsweise aus dem *Linux*-Paket von *RedHat*, und Exemplare, die von User zu User weitergegeben wurden.

Microsoft hat jüngst, im März 2004, eine Mitteilung für KMUs herausgegeben, in der *OpenOffice.org* und *MS-Office* verglichen werden. Vorteile von *MS-Office* bestünden

---

[29]Vgl. http://www.openoffice.org, 06.2004

demnach vor allem in den Bereichen Kosten, Sicherheit, Service und Datenmigrati-on.[30]

Relativiert werden diese Aussagen beispielsweise durch eine TCO-Modellrechnung von *Sereon*, wonach mittelgrosse Unternehmen etwa 14% niedrigere TCO-Kosten durch den Einsatz von *OpenOffice* erreichen können.[31]

Bezüglich Sicherheit, Service und Datenmigration verweist der IT-News Anbieter *Golem.de* auf bekannte Sicherheitslücken und Versionskonflikte von *MS-Office* sowie auf kommerzielle Serviceangebote für Open Source-Produkte, die mit *Microsofts* Dienstleistungen zu vergleichen sind.[32]

Ungeachtet der unterschiedlichen Darstellungen lässt sich auch im Office-Bereich festhalten, dass *Microsoft* die Produkte auf Open Source-Basis als ernsthafte Kon-kurrenz wahrnimmt.

3.2. Allgemeine Bewertung gegenüber Proprietärer Software

Die Diskussion um Vor- und Nachteile von OSS gegenüber PS wird kontrovers, teils sogar kämpferisch geführt. Regelmässig tauchen Studien auf, die anhand von Per-formance-Tests und TCO-Analysen OS-Produkte mit ihren proprietären Gegen-stücken vergleichen. Je nach Auftraggeber und Testumgebung fallen die Ergebnisse mal pro, mal contra OSS aus.

Im Folgenden werden deshalb einige der geläufigsten Vor- und Nachteile aufgeführt, die sich aufgrund der Charakteristik von OSS im Allgemeinen ergeben.[33] Im Rahmen dieser Arbeit soll dies lediglich in aller Kürze geschehen, für eine ausführliche Analy-

---

[30]Vgl. o. V.: „Microsoft vergleicht MS Office mit OpenOffice.", http://www.heise.de/newsticker/meldung/46057, 05.04.2004

[31]Vgl. o.V.: „Mit Alternativen zu Microsoft Office sparen Unternehmen bis zu 25 Prozent", http://www.u-nicat-communications.de/tech/php/xin.php?kid=16&prm_id=396, 05.04.2004

[32]Vgl. o.V.: „Microsoft würdigt OpenOffice 1.1...", http://www.golem.de/0403/30544.html, 05.04.2004

[33]Vorausgesetzt werden muss eine aktive und möglichst grosse Entwicklergemeinde. Zwar lässt sich keine genaue Mindestanzahl von Contributors feststellen, klar sollte aber sein, dass private, universi-täre und unternehmensinterne Klein-Projekte, die nicht über ein Dutzend Programmierer hinaus kom-men, hier im Regelfall nicht mit einbezogen werden können.

se sei hier beispielhaft auf den *MITRE*-Report[34] und die Arbeit von *Leiteritz*[35] verwiesen.

3.2.1. Vorteile

Sicherheit

Die erhöte Sicherheit von OSS resultiert im wesentlichen aus drei Faktoren: Erstens wird der Quellcode nicht nur durch ein lokales Entwicklerteam, sondern durch die gesamte Community, also durch Dritte, auf Sicherheitslücken geprüft. Zweitens können grundlegende Veränderungen im Quellcode, z.B. im Bereich der Authentifizierung, zur Sicherheit in einem bestimmten Szenario beitragen. Drittens kann auf Sicherheitslücken schneller mit Patches oder Udates reagiert werden.[36]

Flexibilität / Interoperabilität

Nutzer, die eine proprietäre Software an eigene Bedürfnisse anpassen wollen, sind auf die vom Hersteller angebotenen Konfigurationsmöglichkeiten angewiesen und beschränkt. Gleiches gilt für Schnittstellen zu fremden Programmen und Dateiformaten.

OSS hingegen lässt sich, bedingt durch den offen gelegten Quelltext, beliebig anpassen und erweitern. Da in diesem Bereich keine proprietären Dateiformate, sondern vielmehr offene Standards[37] verwendet werden, ist der Datenaustausch zwischen OS-Programmen in der Regel problemlos möglich. Zu erklären ist dies dadurch, dass hinter OSS kein kommerzieller Anibieter steht, der versucht, seine Marktstellung zu schützen, sondern die OS-Gemeinde, deren Interesse an dieser Stelle lediglich der Interoperabilität gilt.[38]

Unabhängigkeit

Proprietäre Produkte und Dateiformate bringen eine Abhängigkeit von einem einzelnen Hersteller mit sich. Dies zeigt sich zum einen duch Veränderungen des Dateiformats von Version zu Version, was häufig ein kostenpflichtiges Update erfordert. Zum anderen ist ein Wechsel des Softwareanbieters nicht ohne großen Migrationsauf-

[34]Kenwood, Carolyn A.: A Business Case Study of Open Source Software, 2001
[35]Leiteritz, Raphael: Kommerzieller Einsatz von OSS und OSS-Geschäftsmodelle, 2003
[36]Vgl. Leiteritz, Raphael: Kommerzieller Einsatz von OSS und OSS-Geschäftsmodelle, 2003, S. 29-31
[37]Beispielsweise speichert OpenOffice.org Dokumente im XML Standard.
[38]Vgl. Leiteritz, Raphael: Kommerzieller Einsatz von OSS und OSS-Geschäftsmodelle, 2003, S. 32-33

wand möglich, woraus folgt, dass sich der Kunde, insbesondere auch Behörden, den Veränderungen in der Preis- und Lizenzpolitik des Herstellers anpassen muss.[39]

Im OSS-Sektor existiert diese Problematik nicht, da Dateiformate auf offenen Standards basieren, Software und updates frei verfügbar sind und Veränderungen der Lizenzen in den meisten Fällen durch interne Bestimmungen begrenzt oder untersagt sind.

Eine weitere Abhängigkeit kann im Servicebereich auftreten. Die Implementierungs- und Beratungsdiensleistungen eines Softwareherstellers können nicht im gleichen Maße von Drittanbietern geleistet werden, da dies ohne Zugriff auf den Quellcode nur begrenzt möglich ist. Der Eintritt in den OSS-Dienstleistungsmarkt steht hingegen jedem Unternehmen offen. Der daraus resultierende Wettbewerb fördert die Qualität und senkt die Kosten für den Endnutzer. Desweiteren kann davon ausgegangen werden, dass Service für eine bestimmtes Produkt so lange angeboten wird, wie Nachfrage besteht. Im proprietären Bereich wird der Support älterer Programme oder Geräte (Treiber) häufig eingestellt.[40]

Qualität

Ohne konkrete Vergleiche einzelner Produkte mit einzubeziehen, lassen sich drei grundsätzliche Überlegungen finden, die für erhöhte Qualität sprechen.

An erster Stelle steht das von *Raymond* beschriebene Prinzip des „peer review", also der Begutachtung des Codes durch die gesamte Entwicklergemeinde. Durch diese Vielzahl an Programmierern lassen sich Bugs einfacher aufdecken und beheben. *Raymond* geht so weit, zu sagen, dass jedes Problem geringfügig werde, sei die Gemeinde nur gross genug.[41]

Zweitens lassen sich wirtschaftliche Gründe ausmachen, die die Qualität beeinflussen. Der Zeitpunkt der Markteinführung beeinflusst stark den Erfolg proprietärer Soft-

---

[39]Vgl. Küster, Uwe: Open Source Software – Ein Weg aus der Abhängigkeitsfalle zurück in Unternehmerische Freiheit, in: Gehring, Robert A.; Lutterbeck, Bernd (Hrsg.): Open-Source-Jahrbuch 2004, Berlin, 2004, S. 7-8

[40]Vgl. Kenwood, Carolyn A.: A Business Case Study of Open Source Software, 2001, S. 14

[41]Vgl. Raymond, Eric S.: The Cathedral and the Bazaar, http://www.catb.org, 1999

ware. Infolge dessen kommen häufig Produkte auf den Markt, die noch nicht völlig ausgereift sind und später mit umfangreichen Patches und Service Packs ausgebessert werden müssen. OSS-Entwickler stehen nicht unter diesem Erfolgsdruck, können den Release einer Version also abhängig vom Fertigstellungsgrad veranlassen.[42]

Der dritte Aspekt betrifft Umfeld und Motivation der Entwickler. Die *Deutsche Bank Research* drückt es in einem Informationspapier wie folgt aus:

„Die Motivation der Entwickler ist wohl meist eine Mischung aus Freude am Programmieren, dem Streben nach Reputation unter Gleichgesinnten, einem Engagement gegen die Beschränkungen durch Proprietarität, sowie der Überzeugung, dass ein von einer großen Gemeinschaft entwickeltes Programm seinem proprietär entwickelten und geschützten Gegenstück qualitativ überlegen ist.„[43]

Hier steht nicht das Streben nach wirtschaftlichem Erfolg, sondern nach technischer Perfektion im Vordergrund. Da es sich bei OSS-Entwicklern im allgemeinen durchaus um qualifizierte Kräfte handelt, ist ein qualitativ hochwertiges Produkt sehr wahrscheinlich.

Kosten

Ein allgemeingültiger Kostenvorteil von OSS gegenüber PS lässt sich nicht feststellen. Zwar tendiert der Kaufpreis von OSS gegen Null, jedoch verursacht Software eine Vielzahl direkter und indirekter Kosten, die abhängig vom Einsatzgebiet stark variieren können.

Eine beispielhafte Taxonomie dieser Total Costs of Ownership (TCO), oder Lifecycle Costs, wurde von der *MITRE* Corporation entwickelt (Abb. 3):[44]

---

[42]Vgl. Hang, Jiayin; Hohensohn, Heidi Dr.: Eine Einführung zum Open Source Konzept aus Sicht der wirtschaftlichen und rechtlichen Aspekte, 2003, S. 29
[43]Vgl. o.V.: Free software, big business?, Schriftenreihe E-conomics Deutsche Bank Research, Ausgabe 32, 2002, S. 3
[44]Kenwood, Carolyn A.: A Business Case Study of Open Source Software, 2001

```
Direct Costs
Software and Hardware
        Software
                Purchase price
                Upgrades and additions
                Intellectual property/licensing fees
        Hardware
                Purchase price
                Upgrades and additions

Support Costs
        Internal
                Installation and set-up
                Maintenance
                Troubleshooting
                Support tools (e.g., books, publications)
        External
                Installation and set-up
                Maintenance
                Troubleshooting

Staffing Costs
        Project management
        Systems engineering/development
        Systems administration
                Vendor management
        Other administration
                Purchasing
                Other
        Training

De-installation and Disposal

Indirect Costs
Support Costs
        Peer support
        Casual learning
        Formal training
        Application development
        Futz factor

Downtime
```

Abbildung 3: OSS Cost Element Taxonomy
Quelle: Kenwood, Carolyn A.: A Business Case Study of
Open Source Software, 2001

Untersuchungen ergeben, dass OSS typischerweise im Bereich Server- und Betriebssysteme, die einige Anpassungsarbeiten erfordern, Vorteile aufweist. Bei
Desktop-Applikationen lässt sich dies hingegen nicht feststellen. Diese Kostenstruk-
turen können aber von einigen Variablen im Betriebsumfeld stark beeinflusst werden,
so dass in konkreten Fällen durchaus gegenteilige Ergebnisse eintreten können.[45]

Dennoch sollte festgehalten werden, dass die niedrigen Anschaffungskosten besonders für schulische Institutionen und kleine Unternehmen ein grosses Potenzial zur
Erweiterung oder Verbesserung der eigenen IT-Infrastruktur darstellen.

---
[45]Vgl. Kenwood, Carolyn A.: A Business Case Study of Open Source Software, 2001, S. 14-15

3.2.2. Nachteile

Usability

Ein grosses Problem bei OSS ist die mangelnde Benutzerfreundlichkeit. Bereits bei der Inbetriebnahme treten häufig Schwierigkeiten auf, da Installationsroutinen nicht selbstverständlich sind. Vielmehr müssen die gelieferten Quellcode-Dateien in eigens angelegte Ordnerstrukturen kopiert und zur Konfiguration editiert werden. Bedingt durch das hohe Maß an Flexibilität bieten viele OS-Produkte sehr weitreichende Konfigurationsmöglichkeiten, die den ungeübten Nutzer schnell überfordern.

Ein weiteres Problem ergibt sich aus der anvisierten Zielgruppe. *„OSS hat seine Ursprünge in einem technischen Milieu. Bei der Entwicklung von OSS werden technische Maßstäbe angelegt...“*[46]. Die Programme werden also für technisch versiertere Nutzer erstellt, was zur Folge hat, dass OSS zu einem relativ schwachen Graphical User Interface (GUI) neigt.[47]

Anzumerken sei hier, dass besonders die grossen OS-Projekte bezüglich der Usability ständig verbessert werden. Verantwortlich sind dafür häufig Distributoren wie *Red Hat* (*Linux*) oder *AbriaSoft* (Serverumgebung), die den privaten, technisch wenig versierten Nutzer ansprechen wollen und dafür OSS mit GUIs, Installationsroutinen und Dokumentationen anreichern.

Haftung

Die Frage der Haftung bei mangelhafter Software ist ein relativ häufig angesprochenes Problem. Durch das Fehlen eines Herstellers gibt es keine Möglichkeit, Mängel oder durch Mängel verursachte Schäden über rechtliche Schritte beseitigen zu lassen. Außerdem wird durch die für rund 80% aller OSS-Projekte genutzte General Public Licence (*GPL*)[48] selbst jede Gewährleistung ausgeschlossen. Haftungsausschlüsse finden sich allerdings auch in den Lizenzbestimmungen kommerzieller Anbieter.[49]

Umgehen läßt sich dieses Problem durch Abschlüsse von Serviceverträgen.

[46]Vgl. Leiteritz, Raphael: Kommerzieller Einsatz von OSS und OSS-Geschäftsmodelle, 2003, S. 37
[47]Vgl. Kenwood, Carolyn A.: A Business Case Study of Open Source Software, 2001, S. 14
[48]Vgl. http://www.gnu.org/copyleft/gpl.html, 2004
[49]Vgl. Leiteritz, Raphael: Kommerzieller Einsatz von OSS und OSS-Geschäftsmodelle, 2003, S. 38

Dauerhafte Nutzung

Das Fortbestehen proprietärer Software und somit die Nutzbarkeit der entsprechen-den Dateiformate wird im allgemeinen durch ihren Anbieter gesichert. Dies kann so-wohl durch neuere Programmversionen und kompatible Nachfolgeprodukte gesche-hen, als auch über langfristige Support-Gewährleistungen. Lediglich die Insolvenz ei-nes Unternehmens bringt die Gefahr mit sich, dessen Produkte nicht länger nutzen zu können.

OSS ist auch hier wieder auf eine grosse Entwicklergemeinde angewiesen, um Langlebigkeit zu gewährleisten. Problematisch ist die kommerzielle Nutzung von OSS, wenn nur wenige Entwickler, beispielsweise im Rahmen universitärer Projekte, involviert sind. Eine rechtliche Sicherheit wird es in diesem Sektor weiterhin kaum geben, zu bedenken ist allerdings, dass viele OS-Projekte seit über zehn Jahren ge-pflegt werden. Desweiteren lässt sich diese Unsicherheit durch Verträge mit Service-Providern umgehen. Auch der Aufbau eigener, betriebsinterner Kompetenzen ist als Maßnahme zur Sicherung der dauerhaften Nutzbarkeit geeignet.

Applikationsvielfalt

Das Angebot an Applikationen für OS-Betriebssysteme liegt hauptsächlich im Be-reich der Infrastruktur, d.h. Webserver, Firewalls, Mailserver etc. An Unternehmens- und Clientprogrammen, wie z.B. einer de facto-Standard Office Anwendung wie *MS Office*, herrscht noch ein gewisser Mangel, der durchaus zur Abwertung von OS-Be-triebssystemen in einem betrieblichen Szenario führen kann.[50]

Ein weiteres Problem tritt bei der Hardware auf, da nicht für alle Produkte entspre-chende Treiber zur Verfügung gestellt werden.

3.2.3. Aktuelle Gefahren durch Softwarepatente

Seit einigen Monaten zieht sich die Diskussion um die Patentierbarkeit von Software, *ePatents*, durch die einschlägigen Medien. Die Komplexität und Kontroversität des Themas bedürfte einer eigenen wissenschaftlichen Untersuchung, so dass an dieser Stelle nur eine Auswahl von Informationsquellen gezeigt werden soll – eine Verbrei-

---

[50]Vgl. Leiteritz, Raphael: Kommerzieller Einsatz von OSS und OSS-Geschäftsmodelle, 2003, S. 38

tung der Softwarepatente könnte weitreichende und dramatische Auswirkungen auf den Open Source-Markt mit sich bringen, weshalb im Falle einer anstehenden Softwareentscheidung dringend eine Berücksichtigung des Themas empfohlen wird.

- http://de.wikipedia.org/wiki/Software-Patent
- http://patinfo.ffii.org/
- www.heise.de
- www.golem.de
- http://www.sueddeutsche.de/computer/artikel/748/31717/

4. Übersicht Open Source eLearning-Markt

In diesem Kapitel werden die wichtigsten Informationsquellen und Produkte auf dem OS eLearning-Markt aufgeführt. Umfangreiche Marktstudien existieren über OS eLearning bisher nicht, so dass anhand der Rechercheergebnisse lediglich ein grober Überblick gegeben werden kann.

4.1. Informationsquellen, Portale

Es existieren unzählige Webseiten, die Informationen über eLearning, Lernplattformen und Open Source anbieten. Die folgende Aufstellung berücksichtigt nur Sites, bzw. Site-Bereiche, die sich schwerpunktmäßig oder ausschließlich mit Open Source eLearning befassen. Weitere Informationen zum Thema finden sich in eLearning- und Open Source-Portalen, Blogs, Universitäts- und Vereinsseiten sowie bei öffentlichen (Bildungs-) Einrichtungen.

Projekt	Ziel / Inhalte	Adresse
CampusSource - Unterstützt vom Ministerium für Wissenschaft und Forschung NRW	Zusammenführung Universitärer Projekte, Bereitstellung der OSS	www.capmussource.de
SIGOSSEE - Interessengruppe der Euro-päischen Kommission	Bereitstellung unabhängiger Informationen, Seminare und Meetings, Aufbau einer Community	www.ossite.org
OSeL - Unabhängiges Portal (In Planung)	Informationen über OSS, Standards, Open Content / Demo Installationen	www.open-source-e-learning.de
edutools - Portal der Western Cooperative for Educational Telecommunications	Tabellarischer Vergleich vieler (OS) Lernplattformen und Services	www.edutools.info
Free Software Portal - Bereich des UNESCO Portal-Servers	Bereich für OS Lernplattformen, Liste mit Beschreibungen, Links, User-Bewertungen	www.unesco.org/webworld/portal_freesoft/Software/Courseware_Tools/
Schoolforge - Freie Vereinigung	Informationen über offene Bildungsressourcen (Software, Texte, Kurse)	Www.schoolforge.net

Tabelle 1: OSS Informationsquellen

Quelle: Eigene Recherchen, 2004

4.2. OS eLearning-Plattformen

Name	Land	Verbreitung	Adresse
.LRN	USA		www.dotlrn.org
Atutor	Kanada	k.A.	www.atutor.ca
Bazaar	Kanada		http://klaatu.pc.athabascau.ca
Chef	USA		http://chefproject.org
Classweb	USA		http://classweb.ucla.edu
Clarolline	Frankreich	ca. 16.000 Downloads 03/2002 - 05/2003	www.claroline.net
Colloquia	UK		www.colloquia.net
CourseWork	USA		http://getcoursework.stanford.edu
Eledge	USA		www.eledge.org
Fle3	Finnland		http://fle3.uiah.fi
Ganesha	Frankreich		www.anemalab.org
Ilias	Deutschland	> 115 Referenz-Installa-tionen	www.ilias.de
Jones e-education	USA		www.jonesadvisorygroup.com
KEWL	Süd Afrika		http://kewl.uwc.ac.za
LON-CAPA			http://lon-capa.org
Manhatten virtual classroom	USA		http://manhattan.sourceforge.net
Moodle	Australien	> 1.200 registierte Instal-lationen, 78 Länder	www.moodle.org
Mimerdesk	Finnland		www.mimerdesk.org
O-LMS	USA		www.psych.utah.edu/learn/olms
OLAT	Schweiz		www.olat.org
Open LMS	Norwegen		http://openlms.sourceforge.net
OpenUSS	Deutschland	11 Referenz-Installatio-nen, 4 Länder	www.openuss.de
Uni Open Platform	Deutschland		www.uni-open-platform.de
Spaghettilearning	Italien		www.spaghettilearning.com
Stud.IP	Deutschland		www.studip.de
Textanalyse	Deutschland		www.textanalyse.com
Virtuelle Universität	Deutschland		http://vu.fernuni-hagen.de
Whiteboard			http://whiteboard.sourceforge.net

Tabelle 2: Open Source eLearning Plattformen
Quelle: Eigene Recherchen, 2004

4.3. Sonstige OS eLearning-Produkte

OS-Produkte, die im engeren Sinne als eLearning-Software bezeichnet werden können, finden sich hauptsächlich im Bereich der Lernplattformen, der wiederum von universitären Projekten und deren Spin-Offs dominiert wird.[51] Die wenigen, ausschließlich für eLearning-Zwecke konzipierten, Programme die sich recherchieren ließen, finden sich in folgender Aufstellung:

Produkt	Art der Software	Adresse
ActiveSlide (vormals Javanti)	Authorware	www.activeslide.com
FreestyleLearning	Authorware / Player (integrierbar mit OpenUSS)	www.freestylelearning.de
RELOAD Editor	Erstellung von Metadata und Content Packages	www.reload.ac.uk/editor.html
SCORM Player	Präsentation von SCORM Packages	www.reload.ac.uk/tools.html

Tabelle 3: Open Source eLearning Software
Quelle: Eigene Recherchen, 2004

---

[51]Vgl. Hafer, Jörg: Thesen zum Thema „Open Source" und e-Learning, http://www.educational-design.-com, 2004

5. Untersuchungsbereich

In diesem Kapitel wird kurz darauf eingegangen, welche Software mit in die Untersuchung einfließen kann. Anschließend werden die untersuchten Produkte vorgestellt.

5.1. Einbezogene Produktarten

Die hier untersuchten Produkte, in den Begriffsabgrenzungen bereits als Lernplattformen definiert, sollen die gesamte online Lehre unterstützen. Dies beinhaltet die Verwaltung von Personen und Kursen, die Vernetzung aller Teilnehmer (Lehrende und Lernende), das Bereitstellen von Lehrmaterialien sowie Assessment Tools. Hinzu kommen bei einigen Produkten Authoring Tools und Oberflächen zur Präsentation extern oder intern erstellter WBTs.

Zusätzlich sollen die Open Source-Plattformen gänzlich ohne proprietäre Produkte auskommen. Dies betrifft insbesondere Betriebssysteme und Datenbanken.

5.2. Proprietäre Produkte

Als Repräsentanten für den proprietären Sektor wurden die beiden Marktführer *Blackboard* und *WebCT* ausgewählt.

Blackboard
Selbstbeschreibung / Zielgruppe

> „The Blackboard Learning System™ is a Web-based server software platform that offers industry-leading course management, an open architecture for customization and interoperability, and a scalable design that allows for integration with student information systems and authentication protocols."[62]

Zielgruppe sind sowohl private als auch öffentlichen Bildungseinrichtungen.
Hersteller / Deutscher Vertrieb
Die *Blackboard Inc.* wurde 1997 gegründet und beschäftigt 430 Mitarbeiter. Neben dem Kernprodukt *Bb Learning System* bietet das Unternehmen weitere Software-Lö-

---

[52]Vgl. http://www.blackboard.com, 05.07.2004

sungen und Dienstleistungen für eine komplette „e-Education Infrastruktur" an. In Deutschland werden die Angebote von *Blackboard Deutschland*[53] vertreten.[54]

Aktualität

Da keine Demo-Version aus Autoren- oder Administratorensicht zur Verfügung steht, verwendet diese Arbeit die Ergebnisse der Untersuchung von *Baumgartner* (Version 5.6).

WebCT

Selbstbeschreibung / Zielgruppe

> „*WebCT Campus Edition is a global market-leading course management system that enables the efficient delivery of high quality online education. With a complete set of easy-to-use teaching and learning tools for course development, course delivery, and course management, WebCT Campus Edition provides the best system for student learning and the most efficient solution for faculty of all experience levels.*"[55]

Zielgruppe sind sowohl private als auch öffentliche Bildungseinrichtungen.

Hersteller / Deutscher Vertrieb

Hersteller von *WebCT* ist die amerikanische *WebCT Inc.* Das Unternehmen wurde 1994 gegründet, hat 320 Mitarbeiter und stellt schwerpunktmäßig das LMS WebCT her.[56]

Der Deutsche Vertrieb läuft über die Pinnerberger *Lerneffekt GmbH*, die auch eine frei zugängliche Demo-Version zur Verfügung stellt.[57]

Aktualität

---

[53]Anmerkung: Informationen über Blackbaord Deutschland waren nicht zu finden, eine deusche Website existiert nicht, lediglich eine Telefonnummer
[54]Vgl. Baumgartner, Peter; Häfele Hartmut; Maier-Häfele, Kornelia: E-Learning Praxishandbuch – Auswahl von Lernplattformen, StudienVerlag, 2002, S. 90
[55]Vgl. http://www.webct.com, 02.07.2004
[56]Vgl. Baumgartner, Peter; Häfele Hartmut; Maier-Häfele, Kornelia: E-Learning Praxishandbuch – Auswahl von Lernplattformen, StudienVerlag, 2002, S. 284
[57]Vgl. http://www.lerneffekt.de, 02.07.2004

Die aktuelle Version der *WebCT Campus Edition* ist 4.1. Die vorliegende Arbeit orientiert sich hauptsächlich an der Demo-Version der *Lerneffekt GmbH* (Version 4.0) als auch an den Untersuchungsergebnissen von *Baumgartner* (Version 3.7).

5.3. Open Source-Produkte

Der Open Source-Bereich sollte möglichst breit abgedeckt werden. Neben der Popularität wurden bei der Auswahl daher auch Aspekte wie Herkunft und technischer Ansatz berücksichtigt. Ausserdem kamen alle auf *CampusSource* vorgestellten Lernplattformen in die Vorauswahl.

Atutor

Selbstbeschreibung / Zielgruppe

> *„ATutor is an Open Source Web-based Learning Content Management System (LCMS) designed with accessibility and adaptability in mind. Administrators can install or update ATutor in minutes. Educators can quickly assemble, package, and redistribute Web-based instructional content, and conduct their courses online. Students learn in an adaptive learning environment."*[58]

Eine bestimmte Zielgruppe wird nicht anvisiert, bei der Entwicklung werden jedoch die Bedürfnisse (Seh-) Behinderter gesondert beachtet.[59]

Projektleitung / Community

ATutor ist ein Projekt einer privaten Entwicklergruppe aus Kanada, das seit 2001 gepflegt und von mehreren Vereinen und Organisationen unterstützt wird. Es liegen annähernd 40 Sprachversionen vor.

Pflege der Community, Übersetzung und Entwicklung laufen über die eigene Homepage sowie über Sourceforge und Freshmeat.

Aktualität

Die aktuelle Versionsnummer ist 1.3.3 aus dem Februar 2004, hinzu kommen Nightly Builds über CVS. Die Foren der Homepage weisen tagesaktuelle Einträge auf.

---

[58] http://www.atutor.ca, 16.07.2004
[59] Dies geschieht durch Einhaltung der W3C Accessability Richtlinien auf AA+ Level, sowie durch die Entwicklung eines Tools, welches die Lerninhalte mittels Sprachprozessor vorlesen kann.

Claroline

Selbstbeschreibung / Zielgruppe

> *„Claroline is ... a collaborative learning environment allowing teachers or education institutions to create and administer courses through the web.“*[60]

Entwickelt wurde die Plattform für eine Universität mit 20.000 Studenten.

Projektleitung / Community

Claroline ist ein Projekt der *Université Catholique de Louvain (Institut de Pédagogie universitaire et des multimédias)* und wird mittlerweile von über 200 Organisationen in 40 Ländern und 20 Sprachen eingesetzt.[61]

Die Plattform ist bei den Mediatoren *Sourceforge* und *Freshmeat* registriert. Desweiteren verfügt die Homepage über diverse Foren zu den Kategorien Teaching, Admin, Development, Multilingual, Training und Bugs.

Aktualität

Die aktuellsten Einträge der Foren sind in der Regel weniger als 10 Tage alt. Letzter Release der Software ist die Version 1.4.2 aus dem Juli 2003.[62]

Eledge

Selbstbeschreibung / Zielgruppe

> *„This software is designed to provide the framework for creating a web site for online instruction, including student registration, authentication, content creation, quizzes, exams, homework graders, report uploads, instructor gradebook, class calendar, and online help.“*[63]

Eine bestimmte Zielgruppe wird nicht weiter spezifiziert.

---

[60]Http://www.claroline.net, 29.07.2004
[61]Vgl. http://www.claroline.net, 29.07.2004
[62]Vgl. http://www.claroline.net, 29.06.2004
[63]http://www.eledge.org, 27.06.2004

Projektleitung / Community

Eledge ist an der *University of Utah (Department of Chemistry)* angesiedelt und bei *Sourceforge* registriert.

Aktualität

Die auf *Sourceforge* verfügbaren Foren weisen keine Einträge nach November 2003 auf. Die aktuelle Versionsnummer ist 3.1.0, veröffentlicht im Oktober 2003.[64]

Ilias

Selbstbeschreibung / Zielgruppe

> *„ILIAS is a web based training platform (Learning Management System). It is being developed at the University of Cologne/Germany with PHP & MySQL. It includes a course editor, group system, personal desktops, mail, forums and system administration."*[65]

„Mittels eines Client-Server-Systems ermöglicht ILIAS das Erstellen, Bearbeiten und Darstellen von Lehrmaterialien in einer einheitlichen Umgebung."[66] Im Gegensatz zu den anderen Plattformen orientiert sich *Ilias* nicht an Kursen, sondern an Gruppen. Es werden nicht Gruppen innerhalb von Kursen gebildet, sondern Kurselemente wie Foren, Inhalte, Links usw. den vorhandenen Gruppen zugeordnet.

Zielgruppen sind allgemein Bildungseinrichtungen, insbesondere Hochschulen.

Projektleitung / Community

ILIAS wurde im Rahmen des *VIRTUS*-Projekts an der *Wirtschafts- und Sozialwissenschaftlichen Fakultät der Universität zu Köln* entwickelt. Auf der Homepage finden sich Foren zu allen relevanten Themen.

Registriert ist *ILIAS* sowohl bei *Sourceforge* als auch bei *Freshmeat*.

---

[64]Vgl. ebenda
[65]http://www.sourceforge.net/ilias, 2004
[66]http://www.ilias.de, 2004

45

Aktualität

Letzter stabiler Release ist die Version 2.4.4 aus dem Februar 2004, hinzu kommt die Beta-Version 3.0.0_beta5 vom 09.03.2004. Alle Foren weisen Einträge aus den letzten zwei bis drei Tagen auf.[67]

Moodle

Selbstbeschreibung / Zielgruppe

> *„Moodle is a course management system (CMS) - a software package designed to help educators create quality online courses. ... One of the main advantages of Moodle over other systems is a strong grounding in social constructionist pedagogy.*"[68]

Eine bestimmte Zielgruppe ist nicht angestrebt, wenn *Moodle* auch aus einem universitären Umfeld stammt.

Projektleitung / Community

Moodle begann als ein Projekt im Rahmen der Dissertation von *Martin Dougiamas*, vormaliger *WebCT*-Administrator an der australischen *Curtin University*. Motiv des 1999 gestarteten Projekts war die Verbesserung der damals verfügbaren kommerziellen Software.

Mittlerweile existieren 1060 registrierte *Moodle*-Sites in 78 Ländern und 34 Sprachen. Die Rate von über 300 Downloads täglich lässt allerdings auf eine hohe Anzahl unregistrierter Installationen schließen.[69]

Die Community wird über *Sourceforge*, *Freshmeat* und eine breite Basis von Foren auf der *Moodle*-Homepage gepflegt.

---

[67]Vgl. http://www.ilias.de, 26.06.2004
[68]http://www.moodle.org, 29.06.2004
[69]Vgl. http://www.moodle.org, 29.06.2004

Aktualität

Die Foren weisen eine Aktualität von ein bis etwa drei Tagen auf. Release-Datum der aktuellen stabilen Version 1.2.1 ist der 25. März 2004, hinzu kommt ein kontinuierlich aktualisierter Nightly Build.[70]

OpenUSS

Selbstbeschreibung / Zielgruppe

> *„Das Open University Support System ist eine rollenorientierte Plattform zur Abwicklung administrativer Lehr- und Lernprozesse innerhalb der Hochschulen."*[71]

Die anvisierte Klientel liegt eindeutig im universitären Bereich.

Projektleitung / Community

Initiator des in 2000 begonnenen Projekts ist die *Westfälische Wilhelms-Universität Münster (Fachbereich Wirtschaftsinformatik und Controlling).*[72]

Die eigentliche Projekt-Homepage ist auf *Sourceforge* untergebracht, die Foren für die Community finden sich innerhalb der Referenzinstallation.[73]

Aktualität

Aktuell ist die stabile Version 1.3-Final vom 14. Oktober 2002.[74]

SpaghettiLearning

Selbstbeschreibung / Zielgruppe

> *„The project Goal is to give a platform based on PHP + Mysql for managing E-Learning courses. Features are: Lessons archive, calendar, news, official test, valutation test, chat forum and class file trade".*[75]

Eine bestimmte Zielgruppe wird nicht avisiert.

---

[70]Vgl. ebenda
[71]http://www.campussource.de, 29.06.2004
[72]http://openuss.souceforge.net, 29.06.2004
[73]Vgl. http://openuss.sourceforge.net/openuss/user/user.html, 29.06.2004
[74]Vgl. http://sourceforge.net/projects/openuss/, 29.06.2004
[75]http://sourceforge.net/projects/spaghettilearn/, 29.06.2004

Projektleitung / Community

SpaghettiLearning ist eine privat entwickelte Plattform aus Italien. Das aus drei Personen bestehende Entwicklerteam wollte ursprünglich der *Claroline*-Entwicklergemeinde beitreten, gründete aber wegen philosophischer Inkompatibilitäten ein eigenes Projekt.[76]

Eigene Foren werden durch die Registration auf *Sourceforge* und *Freshmeat* erweitert.

Aktualität

Aktuelle Version ist 1.1 RC vom 21. Februar 2004. Die wenigen Foren weisen Nachrichten aus den letzten zwei bis fünf Tagen auf.[77]

Nicht berücksichtigte Produkte

Die hier aufgeführten Plattformen wurden getestet, konnten aufgrund verschiedener Aspekte aber nicht mit in die Untersuchung einbezogen werden.

.LRN

Die am *Massachusetts Institute of Technology* entwickelte Plattform ist einerseits sowohl technisch als auch im Frontend-Bereich optisch bereits sehr ausgereift. Andererseits lässt die Funktionalität noch etwas zu wünschen übrig. So finden sich bisher nur Elemente, um Präsenzveranstaltungen zu unterstützen, nicht aber für die Lehre online (Tests, Statistiken, Präsentation, etc.). *„It is more of a collaborative space than an LMS"*[78].

Grund dafür ist der relativ frühe Entwicklungsstatus; ein Blick auf die Roadmap zeigt, dass Elemente für die Online-Lehre erst für spätere Versionen geplant sind.

Der zweite Grund für die Nichtberücksichtigung ist die Abhängigkeit vom *Open Architecture Community System (OpenACS)*. Die Plattform ist mit *OpenACS* erstellt worden und stellt somit im Grunde kein eigenständiges System dar, sondern ist vielmehr ein Modul des *OpenACS*.[79]

---

[76]Vgl. http://www.spaghettilearning.com, 29.06.2004
[77]Vgl. ebenda
[78]o.V.: Commonwealth of Learning LMS Open Source Report, http://www.col.org, 2004
[79]Vgl. http://dotlrn.mit.edu, 29.06.2004

Uni-Open-Platform

Die Lösung der *FernUniversität Hagen* beinhaltet ein solides Datenbankschema, auf welches allerdings nur mit minimalster grafischer Oberfläche zugegriffen werden kann. Die Administration könnte ebenso gut direkt mit einem Datenbankadministrationstool, z.B. *PHP-MyAdmin*, vollzogen werden.[80]

Da das Frontend dieser Plattform nicht annähernd heutigen Standards gerecht wird, wird sie im Verlauf dieser Arbeit keine weitere Berücksichtigung finden. Anzumerken ist hier, dass die zum Download angebotene Version aus dem Jahr 2001 stammt, und hier nur Erwähnung findet, da die Software auf *CampusSource* vorgestellt wird.

Virtuelle Universität

Die *Virtuelle Universität* ist ein neueres Projekt der *FernUniversität Hagen*, sie wird ebenfalls über *CampusSource* vorgestellt.
Besonders interessant dürfte der Bereich der Präsentation von Lehrmaterialien sein, da diese Funktion bei den meisten LMS nicht vorhanden ist.[81][82]

Grund für die Aussortierung ist die Abhängigkeit von einem proprietären Datenbank Management System von *Sybase*.

5.4. Vergleichskriterien

Sowohl *Schulmeister* als auch *Baumgartner* stellen die Erarbeitung von Vergleichskriterien als wesentlichen Bestandteil ihrer Arbeiten heraus. Die eigentlichen Evaluationsergebnisse zeigen lediglich eine Momentaufnahme und gelten nur für die bestehende Ausgangssituation. Die Kriterien sind in dieser Arbeit weniger detailliert, was sich daraus ergibt, dass nicht nur das Vorhandensein eines Kriteriums festgestellt werden soll, sondern dieses auch beschrieben wird, womit wiederum weitere Details aufgeführt werden. Desweiteren soll diese etwas pauschalere Unterteilung dem Eindruck der Momentaufnahme entgegenwirken, da gerade im Open Source-Bereich teilweise wöchentlich Änderungen vollzogen werden.

---

[80]Vgl. http://uni-open-platform.fernuni-hagen.de, 29.06.2004
[81]Vgl. http://vu.fernuni-hagen.de, 29.06.2004
[82]Anmerkung: Ein Test der Plattform mittels der angebotenen Demo-Version erwies sich als nicht möglich, da diese starken Restriktionen unterlag.

Unter den Kriterien finden sich Aspekte, die für Software allgemein von Relevanz sind und solche, die sich konkret auf eLearning-Plattformen beziehen. Allgemeine Kriterien sind Nachhaltigkeit, Technik, Usability und Service.

Die LMS spezifischen Kriterien ergeben sich durch *Schulmeisters* Ausführung, *„daß sich Learning Management Systeme durch fünf Bereiche von Funktionen oder Grundfunktionen auszeichnen und von anderen Software-Systemen unterscheiden:*

-Eine Benutzerverwaltung

-Eine Kursverwaltung

-Eine Rollen- und Rechtevergabe mit differenzierten Rechten

-Kommunikationsmethoden und Werkzeuge für das Lernen

-Die Darstellung der Kursinhalte, Lernobjekte und Medien in einem netzwerkfähigen Browser"[83]

Eine nahezu identische Abgrenzung führt *Baumgartner* auf. Diese und einige weitere Punkte werden in dieser Arbeit unter den Überschriften Didaktik und Features / Funktionen verarbeitet.

Im Folgenden sollen die Kriterien kurz skizziert und begründet werden. Zur tiefergehenden Lektüre über Kriteriengewinnung sei auf das Gutachten von *Schulmeister* für das Österreichische *BM:BWK* verwiesen, welches auch Anstoß für das bereits mehrfach zitierte Buch war und über 200 Kriterien auflistet.[84]

5.4.1. Nachhaltigkeit

Nachhaltigkeit, also die dauerhafte Nutzbarkeit einer Software, ist ein wichtiges Entscheidungskriterium, da eine spätere Umstellung auf andere Produkte, sofern überhaupt möglich, in der Regel problematisch und kostenintensiv ist.

„Die Entscheidung für eine Lernplattform setzt ein Vertrauen in die wirtschaftliche Solidität und langfristige Existenz der Herstellerfirma voraus. Die Zahl der

---

[83]Schulmeister, Rolf: Lernplattformen für das virtuelle Lernen: Evaluation und Didaktik, Oldenbourg, 2003, S. 96

[84]Schulmeister, Rolf: Selektions- und Entscheidungskriterien für die Auswahl von Lernplattformen und Autorenwerkzeugen, 2000

vorhandenen Kunden und Installationen, sowie die breite Benutzerbasis und die Größe der Firma sind Indikatoren für diese Faktoren.[85]

Schulmeister bezieht in diese Aussage explizit keine Open Source-Produkte mit ein. Doch im Rahmen dieser Arbeit soll auch deren Nachhaltigkeit, soweit möglich, anhand der Anzahl von Installationen und Projektbeteiligten überprüft werden. Weitere relevante Punkte sind die Konformität zu eLearning-Standards und das Vorhandensein kommerzieller Dienstleister.

5.4.2. Technik

Diese Kategorie untergliedert sich in Systemvoraussetzungen, Anpassbarkeit / Erweiterbarkeit und Sicherheit.

Die Anpassbarkeit bezieht sich auf die Möglichkeiten, die eigene Corporate Identity aufzusetzen (Design), die Erweiterbarkeit auf funktionale Ergänzungen und Anbindung an vorhandene Systeme (Datenbanken).

Für den Punkt Sicherheit sind sichere Datenübertragung (über das bekannte *SSL – Secure Socket Layer*) und Authenthizierungsmechanismen relevant. Besondere Aufmerksamkeit gehört dabei dem Dienst *LDAP*, welcher sich zunehmend durchsetzt und auch als Open Source-Implementierung vorliegt. *„LDAP stellt einen Verzeichnisdienst zur Verfügung, der zur Speicherung und zum Wiederabruf von Informationen über einzelne Personen (z.B. Mitarbeiter) einer Organisation genutzt werden kann".*[86]

5.4.3. Didaktik

Der didaktische Aspekt wird in der Diskussion um Lernplattformen häufig zu Gunsten technischer Argumente vernachlässigt, obwohl er natürlich für Erfolg und Akzeptanz von eLearning von großer Wichtigkeit ist. Allerdings hängt der didaktische Ansatz eher vom Kursdesigner als von der Plattform selbst ab. Entsprechend äußert sich auch *Schulmeister* zu diesem Thema:

---

[85]Schulmeister, Rolf: Lernplattformen für das virtuelle Lernen: Evaluation und Didaktik, Oldenbourg, 2003, S. 96
[86]http://www.mitlinx.de/ldap, 20.06.2004

„Ich neige deshalb nicht zu der Ansicht, daß man ihre pädagogische Konzepti-
on entlang den Lerntheorien als behavioristisch, kognitivistisch, gemäßigt kon-
struktivistisch und konstruktivistisch klassifizieren kann. Die Plattformen selbst
verdienen nicht diese Attribuierung, ihr Nutzen und die Art ihres Einsatzes in
der Lehre sind ausschlaggebend dafür, welche didaktische Orientierung einge-
schlagen wird. Ihr Vorteil liegt eben wirklich nur darin, daß Studierende damit
zeit- und ortsunabhängig lernen können. Aber wie Studierende mit dem LMS
lernen, dazu hat die Lernplattform nicht viel beizutragen. Um Lehre in didak-
tisch verantwortungsvoller Weise in Lernplattformen anzubieten, muß man als
Autor die Lernplattformen gegen den Strich bürsten".[87]

Stattdessen soll sich beim Lernmodell lediglich eine Unterscheidung in lehrer- oder lernerzentriert ergeben. Lehrerzentriert bedeutet hier, dass analog zum Frontalunterricht vorgegangen wird und entsprechend sequentiell abzuarbeitende Elemente (z.B. hierarchische Lerninhalte) und synchrone Kommunikationsmethoden wie ein Virtual Classroom verstärkt zum Einsatz kommen. Die Lernerzentrierung setzt hier eher auf asynchrone Kommunikation und studentische Kollaboration (z.B. Gruppenarbeiten).

Neben dem Lernmodell werden unter dem Punkt Didaktik auch noch die Kriterien Gruppen / Rollen und Assessment geführt.

5.4.4. Usability

Einer der hartnäckigsten Kritikpunkte an OSS ist die schlechte Benutzbarkeit durch Laien (siehe dazu auch Kapitel 3.2.2). Ein ausführlicher Usability-Test würde für jede Plattform eine Demoinstallation mit jeweils wenigstens einem standardisierten Kurs sowie eine größere, repräsentative Test-User-Gruppe benötigen. Im Rahmen dieser Arbeit ist dieser enorme Aufwand, der beispielsweise bei dem Projekt von *Baumgartner* erst nach der Evaluation an den fünf verbleibenden Kandidaten durchgeführt und auf mehrere Monate veranschlagt wurde[88], selbstverständlich nicht zu bewältigen.

---

[87]Schulmeister, Rolf: Lernplattformen für das virtuelle Lernen: Evaluation und Didaktik, Oldenbourg, 2003, S. 151
[88]Vgl. Baumgartner, Peter; Häfele Hartmut; Maier-Häfele, Kornelia: E-Learning Praxishandbuch – Auswahl von Lernplattformen, StudienVerlag, 2002, S. 87

Da die Usability jedoch maßgeblich für die Annahme der Plattform durch die Benutzer, aber auch die Administratoren, verantwortlich ist, sollen zu diesem Kriterium dennoch einige Aussagen gemacht werden. Dabei handelt es sich zum einen um weitgehend objektive Aussagen über Erwartungskonformität (Metaphorik, Benutzerführung, usw.) und Navigation. Zum anderen müssen aber auch Aussagen über das Look & Feel und die Umstände der Installation gemacht werden – aufgrund der oben erläuterten Problematik kann es sich dabei nur um subjektive Eindrücke des Autors handeln, weshalb der Umfang dieses Kapitels im Vergleich zu seiner Relevanz eher gering gehalten werden soll. Um eine eigene Einschätzung zu ermöglichen, enthält der Anhang eine Auswahl repräsentativer Screenshots.

Weiters finden sich in diesem Kapitel Angaben über die Einrichtung der Plattformen (Installation, Konfiguration).

5.4.5. elearning-Standards

Eine genaue Beschreibung von eLearning-Standards oder der Prozesse und Institutionen die zu ihrer Entstehung benötigt werden, ist nicht Teil dieser Arbeit. Stattdessen sei an dieser Stelle lediglich der Nutzen dieser Standards, und damit die Bedeutung dieses Kriteriums, anhand eines Auszugs einer Studie des *MASIE Centers* erläutert:

„*...standards help to ensure the six "abilities" which protect and even nurture e-Learning investments. They are:*

- *Interoperability*
  - *mix and match content from multiple sources and within multiple systems*
  - *multiple systems communicate, exchange, and interact transparently*
- *Re-Usability*
  - *content and code can be assembled, disassembled, and re-used quickly and easily*
  - *content objects can be assembled and used in a context other than that originally designed*

- *Manageability*
  - *systems can track the appropriate information about the learner and the content*
  - *management of the complex selection and assembly of "just the right" stuff*
- *Accessibility*
  - *a learner can access the appropriate content at the appropriate time on the appropriate device*
- *Durability*
  - *buyers are not "trapped" by a particular vendor's proprietary learning technology*
  - *no significant additional investment is required for re-usability and interoperability*
- *Scalability*
  - *learning technologies can be configured to have expanded functionality to serve broader populations and organizational purposes*
  - *an organization's return on investment in e-Learning products can increase if they can be leveraged beyond their original scope*
- *Affordability*
  - *ensure that our learning technology investments are wise and adverse to risk"*[89]

5.4.6. Service

Dieses Kriterium unterteilt sich in die Punkte Full Service Provider und Dokumentation / Online Support.

Argumente gegen OSS beziehen sich häufig auf mangelnde Dienstleistungen, da hinter den Produkten in der Regel keine Hersteller agieren, die entprechende Verpflichtungen gegenüber ihren Kunden haben – auch *Schulmeister* führt diesen Punkt als Risiko auf[90]. Das Vorhandensein eines Full Service Providers würde diesen Schwachpunkt ausgleichen. Generell gilt: *„Entscheidend für den erfolgreichen Einsatz von Open Source LMS ist ein umfassender professioneller Service. Unterneh-*

---

[89]o.V.: Making Sense of Learning Specifications & Standards: A Decision Maker's Guide to their Adoption 2. Edition, MASIE Center, 2003, S. 10-12
[90]Vgl. Schulmeister, Rolf: Lernplattformen für das virtuelle Lernen: Evaluation und Didaktik, Oldenbourg, 2003, S. 96

men und Weiterbildungseinrichtungen dürfen sich nicht mit der Technik allein gelassen fühlen".[91]

Desweiteren sind Dokumentation und Online Support wichtig, um den Betrieb der Plattform zu gewährleisten, ohne in jeder Situation auf kostenpflichtigen Support der Dienstleister zurückgreifen zu müssen.

5.4.7. Features / Funktionen der Plattformen

Dieser Punkt bezieht sich nun direkt auf die einzelnen Bestandteile / Tools der Plattformen und untergliedert sich in Verwaltung (Nutzer / Kurse), Kommunikation (synchron / asynchron), Content (Erstellung / Präsentation) und Individualisierungsmöglichkeiten für Lerner.

Die Relevanz der Kriterien Verwaltung, Content und Kommunikation ergibt sich aus der anfangs aufgeführten Einteilung definierender LMS Merkmale. Individualisierungsmöglichkeiten finden sich als Kriterium in vielen Untersuchungen wieder, allerdings unter verschiedensten Oberbegriffen.

---

[91]Bromberger, Norbert: Virtual Roundtable eLearning, Interview mit www.global-learning.de, 2004

6. Vergleichende Darstellung der Open Source Produkte

6.1. Nachhaltigkeit

6.1.1. Proprietäres Segment

Blackboard Inc. besteht seit 1997 und erzielte in 2001 46 Mio. US$ Umsatz mit etwa 430 Mitarbeitern.[92] Die Gesellschaft unterhält ein breites Netz an Technologie-, Inhalts- und Vertriebs-Partnerschaften. Unter diesen ca. 70 Partnern finden sich neben mehreren eLearning-Unternehmen auch IT-Branchengrössen wie *Microsoft*, *IMS*, *HP, Oracle* und *Dell*. Partner für Inhalte und Vertrieb sind beispielsweise *McGraw-Hill*, *Barnes & Noble* und *Jon Wiley & Sons, Inc.*.[93]

WebCT Inc. Wurde 1997 gegründet und beschäftige im Jahr 2001 320 Mitarbeiter. Partnerschaften bestehen vor allem mit Universitäten (ca. 40 weltweit), aber auch mit Industrieunternehmen. Zu den Investoren gehören z.B. *JPMorgan Partners* und die Th*omson Corporation*. Weltweit greifen ca. 160.000 Lehrkräfte und über 8.5 Mio. Lerner auf 2800 Installationen zu.[94]

Beide Organisationen orientieren sich an den anerkannten Standards. Desweiteren bieten beide Programme (Building Blocks / Blackboard, *PowerLinks Network / WebCT*) zur Entwicklung von Schnittstellen bzw. zur Implementierung von Software von Drittanbietern an.

6.1.2. Open Source-Segment

Die Frage nach der Dauerhaftigkeit der OS Projekte lässt sich nicht ganz klar beantworten, da selten konkrete Zahlen über Beteiligte, Geldflüsse oder auch nur Benutzer vorliegen. Anhand der verfügbaren Informationen über Verbreitung, Projektinitiierung und Partnerschaften lassen sich die sieben Plattformen dennoch in drei -unscharf getrennte- Gruppen einteilen.

Eledge, *OpenUSS* und *Spaghettilearning* müssen in diesem Punkt nach Meinung des Autors als kritisch bezeichnet werden.

---

[92]Vgl. Baumgartner, Peter; Häfele Hartmut; Maier-Häfele, Kornelia: E-Learning Praxishandbuch – Auswahl von Lernplattformen, StudienVerlag, 2002, S. 90
[93]Vgl. http://www.blackboard.com, 03.06.2004
[94]Vgl. http://www.lerneffekt.de und Vgl. http://www.webct.com, 03.06.2004

Informationen oder eine Community sind für *Eledge* kaum zu finden, außerdem ist das Konzept -für jeden Kurs eine Instanz der Software- für gößere Institutionen zu umständlich. Folglich dürfte auch eine Beteiligung an der Entwicklung entfallen.

OpenUSS und *Spaghettilearning* versuchen zwar, über die Homepages und Mediatoren Communities aufzubauen, verfügen aber bisher nur über kleine Entwicklerteams ohne breite Unterstützung von freien Programmierern. Auch (finanzielle) Unterstützung seitens externer Partner aus der Wirtschaft fehlt.[95]

Weiterhin verfügt keines der Systeme über eLearning Standards oder Full Service Provider (*Spaghettilearning* bietet Service über das Entwicklerteam in Italien).

Die Projekte *ATutor* und *Claroline* sind weitgehend stabil zu nennen.

Beide verfügen über eine aktive Community, was sich beispielsweise an den jeweils 40 Sprachversionen sowie an der Beteiligung und der Aktualität der Foren zeigt. Auch die ständig aktualisierten Beta-Versionen zeugen von stetiger Entwicklungsarbeit.

ATutor arbeitet zudem mit sechs öffentlichen Institutionen (vornehmlich aus dem Gesundheitswesen) zusammen.

Beide Plattformen berücksichtigen Standards (*ATutor* / IMS, *Claroline* / SCORM). Full Service Provider gibt es bisher lediglich für *ATutor* im amerikanischen Raum.[96]

Moodle und *Ilias* sind die beiden größten und ältesten und somit zur Zeit sichersten OS Plattformen, die in dieser Arbeit behandelt werden. *Moodle* kann über 1000 registrierte Sites aufweisen, Ilias über 100 Referenzinstallationen. Stets aktuelle Beta-Versionen und Foren bekräftigen den Eindruck, dass beide Systeme auch auf lange Sicht hin nutzbar sind. Zu diesem Zweck hat die *Universität Köln* kürzlich das *Ilias*-Kooperationsnetzwerk gestartet, an welchem sich bisher drei Hochschulen beteiligen.

Beide Plattformen orientieren sich an gängigen Standards, führen internationale Konferenzen durch und können auf Full Service Provider in mehreren Ländern verweisen (u. a. in Deutschland).[97]

---

[95]Anzumerken sei hier allerdings, dass Spaghettilearning erst 2002 gegründet wurde und sich somit noch in einem sehr frühen Stadium befindet. Folgt man den Nachrichten auf der Homepage, lässt sich ein rapider, stetiger Fortschritt in der Entwicklung von Programm und Community erkennen.
[96]Vgl. http://www.atutor.ca und http://www.clarolline.net, 28.07.2004
[97]Vgl. http://www.ilias.de und http://www.moodle.org, 28.07.2004

Diese Dreiteilung der Plattformen wird durch die Anzahl der Treffer von Web-Such-maschinen bekräftigt. Da die Nachhaltigkeit von OSS maßgeblich durch Verbreitung und Bekanntheitsgrad beeinflusst wird, sind die folgenden Trefferzahlen zwar rele-vant, aber sie sollten lediglich als Hilfszahlen angesehen werden, da die Suche im Internet immer etwas unsauber ist (Homonyme, Synonyme, Marketingmaßnahmen etc.):

Plattform / Suchbegriff	Google	Alltheweb	Fireball (de)
eledge	4100	828	837
OpenUSS	3470	502	504
Spaghettilearning	11200	915	882
ATutor	27400	1683	1654
Claroline	45500	5771	5821
Ilias (Aufgrund des häufig vorkommenden Na-mens keine äquivalente Suche möglich.)	--	--	--
Moodle	171000	14173	14638

Tabelle 4: Suchtreffer bekannter Internet Suchmaschinen
Quelle: Eigene Recherchen, 2004

6.1.3. Beurteilung

Bezüglich der Nachhaltigkeit besitzen die beiden kommerziellen Anbieter *Blackboard* und *WebCT* klare Vorteile. Die Marktführerschaft der Unternehmen und die Einbezie-hung von Standards und Firmenprogramme zur Entwicklung von Schnittstellen si-chern die Software auf lange Zeit ab.

ATutor, *Claroline*, *Ilias* und insbesondere *Moodle* stellen aufgrund ihrer Verbreitung, Offenheit und Konformität zu einzelnen oder mehreren Standards dennoch kein großes Risiko dar. Auch das Vorhandensein kommerzieller Full Service Provider spricht deutlich gegen eine Einstellung der Projekte.

6.2. Technik

6.2.1. Systemvorraussetzungen

6.2.1.1. Proprietäres Segment

Blackboard 5.6	Systemanforderungen für Unix-Server/Solaris 2.8:	Systemanforderungen für Linux-Server/Red Hat Linux 6.2:	Systemanforderungen für Windows NT4.0 SP4, Windows 2000 Server, Data Center Server mit SP 1:
Weniger als 3000 aktive Nutzer	1 Server Konfiguration 2-Ultrasparc II 450 Mhz; 2 GB RAM; 10/100 Network Card; MySQL inklusive mit Blackboard 5 Level 1 Oracle 8i Version 8.1.6 für Level 2 und höher; Apache Web Server inclusive;	1 Server Konfiguration 2-Pentium III 800 Mhz oder höher; 2 GB RAM; 10/100 Network Card; MySQL inklusive mit Blackboard 5 Level 1 Oracle 8i Version 8.1.6 für Level 2 und höher; Apache Web Server inclusive;	1 Server Konfiguration 2-Pentium III 800 Mhz oder höher; 2 GB RAM; 10/100 Network Card; SQL Server 2000 oder SQL Server 7 mit SP 2; Microsoft Internet Information Server (IIS) 4/5 (nicht inklusive);
Mehr als 3000, aber weniger als 6000 aktive Nutzer	1 Server Konfiguration 4-Ultrasparc II 450 Mhz; 4 GB RAM; 10/100 Network Card; MySQL inklusive mit Blackboard 5 Level 1 Oracle 8i Version 8.1.6 für Level 2 und höher; Apache Web Server inclusive;	1 Server Konfiguration 4-Pentium III 850 Mhz oder höher; 4 GB RAM; 10/100 Network Card; MySQL inklusive mit Blackboard 5 Level 1 Oracle 8i Version 8.1.6 für Level 2 und höher; Apache Web Server inclusive;	1 Server Konfiguration 4-Pentium III 850 Mhz oder höher; 4 GB RAM; 10/100 Network Card; SQL Server 2000 oder SQL Server 7 mit SP 2; Microsoft Internet Information Server (IIS) 4/5 (nicht inklusive);
Mehr als 6000, aber weniger als 12.000 aktive Nutzer	2 Server Konfiguration #1 – Applikations Server 4-Ultrasparc II 450 Mhz; 4 GB RAM; 10/100 Network Card; Apache Web Server inclusive; #2 – Datenbank Server 4-Ultrasparc II 450 Mhz; 4 GB RAM; 10/100 Network Card; Oracle 8i Version 8.6.1	2 Server Konfiguration #1 – Applikations Server 4-Pentium III 800 Mhz oder höher; 4 GB RAM; 10/100 Network Card; Apache Web Server inclusive; #2 – Datenbank Server 4-Pentium 800 Mhz oder höher; 4 GB RAM; 10/100 Network Card; Oracle 8i Version 8.6.1	2 Server Konfiguration #1 – Applikations Server 4-Pentium III 800 Mhz oder höher; 4 GB RAM; 10/100 Network Card; Microsoft Internet Information Server (IIS) 4/5 (nicht inklusive); #2 – Datenbank Server 4-Pentium 800 Mhz oder höher; 4 GB RAM; 10/100 Network Card; SQL Server 2000 oder SQL Server 7 mit SP 2

Tabelle 5: Systemanforderungen / Ressourcenbedarf Blackboard

Quelle: Baumgartner, Peter; Häfele Hartmut; Maier-Häfele, Kornelia: E-Learning Praxishandbuch – Auswahl von Lernplattformen, StudienVerlag, 2002, S.105

WebCT	Systemanforderungen für Unix-Server	Systemanforderungen für Windows NT- und 2000 Server
Durchschnittliche Installation (weniger als 15.000 User-Accounts)	PIII 550 (oder gleichwertig) 256 MB RAM	PIII 550 (oder gleichwertig) 512 MB RAM dual CPU
Grosse Installation (mehr als 15.000 User-Accounts)	Dual PIII 550 (oder gleichwertig) 512 MB RAM	Dual PIII 550 (oder gleichwertig) 512 MB RAM quad CPU

Tabelle 6: Systemanforderungen / Ressourcenbedarf WebCT

Quelle: Baumgartner, Peter; Häfele Hartmut; Maier-Häfele, Kornelia: E-Learning Praxishandbuch – Auswahl von Lernplattformen, StudienVerlag, 2002, S. 294

In der Untersuchung von *Baumgartner* werden auch Richtilinien und eine Modellrechnung für den benötigten Speicherplatz für *WebCT* aufgeführt:

„

- *Eine Installation benötigt ungefähr 40 MB*
- *Jeder Kurs benötigt ungefähr 2 MB*
- *Gewähren Sie 1 MB pro User-Account*

Werden beispielsweise 200 Kurse für 1000 User bereitgestellt und die durchschnittliche Content-Größe liegt bei 10 MB, dann gilt:

$$40MB + (200*2MB) + (1000*1MB) + (200*10MB) = 3,440GB$$ „[98]

6.2.1.2. Open Source-Segment

Angaben zu den Anforderungen der Open Source-Plattformen lassen sich nur selten finden. Im folgenden kann deshalb nur *Ilias,* anhand der Daten der Evaluatin von *Baumgartner*, ausführlich dargestellt und durch Praxisbeispiele von *OpenUSS*-Installationen ergänzt werden. Zu den benötigten Software-Ressourcen ist zu sagen, dass alle Produkte vollständig mit offener Software betrieben werden können. Im wesentlichen handelt es sich um den *Apache* Webserver, die *MySQL* Datenbanklösung, *Linux* als Betriebssystem sowie *Java*-Anwendungen für *OpenUSS* und *Eledge*.

---

[98]Baumgartner, Peter; Häfele Hartmut; Maier-Häfele, Kornelia: E-Learning Praxishandbuch – Auswahl von Lernplattformen, StudienVerlag, 2002, S. 294

Ilias	Systemanforderungen für Unix-Server:	Systemanforderungen für Windows NT- und 2000 Server
Durchschnittliche Installation (weniger als 15.000 User-Accounts)	SUN E250, 1 GB RAM, 2 Prozessoren	PIII 1 Ghz (oder gleichwertig) 1 GB RAM dual CPU
Grosse Installation (mehr als 15.000 User Accounts)	SUN E450, 1GB RAM, 2 Prozessoren- oder verteiltes System mit Webserver und Datenbankserver	Verteiltes System mit dual PIII 1GHz (oder gleichwertig) 1 GB RAM quad CPU In beiden Fällen sollte Linux statt Windows eingesetzt werden, da Linux im Serverbereich Vorteile bietet!

Tabelle 7: Systemanforderungen / Ressourcenbedarf Ilias

Quelle: Baumgartner, Peter; Häfele Hartmut; Maier-Häfele, Kornelia: E-Learning Praxishandbuch – Auswahl von Lernplattformen, StudienVerlag, 2002, S.214

OpenUSS Praxisbeispiele	Betriebssystem / Datenbank	Hardware
Universität Bielefeld, Fakultät für Soziologie	Unix / PostgreSQL	2 PA-RISC 240MHz Prozessoren, 5 GB RAM, 59 GB Harddisk
National University of Pedagogy, Mexico City	Linux Red Hat 7.3 / PostgreSQL	k.A.
Universität Münster; Institut für Politikwissenschaften	Windows 2000 Server / Interbase 6.0.1	Dual PIII 1GHz, 512 MB RAM
Fachhochschule Köln, Institut für Informatik und Ingenieurwissenschaften	Linux SuSe 7.3 / Interbase 6.0.1	Dual PIII 733MHz, 2 GB RAM

Tabelle 8: Praxisbeispiele OpenUSS Installationen

Quelle: http://openuss.sourceforge.net

6.2.1.3. Beurteilung

Die hier getestete Version von *WebCT* nimmt einen Sonderstatus ein, da sie ohne Datenbank arbeitet. Lässt man die geringen Systemanforderungen von *WebCT* bei der Beurteilung außen vor, ergeben sich klare Vorteile für OSS. Exemplarisch soll dies folgender Vergleich anhand obiger Daten in aller Kürze verdeutlichen:

	Blackboard	Ilias
Ressourcenbedarf für ca. 10.000 User auf einem Linux System	2 Server Konfiguration #1 – Applikations Server 4-Pentium III 800 Mhz oder höher; 4 GB RAM; 10/100 Network Card; Apache Web Server inclusive; #2 – Datenbank Server 4-Pentium 800 Mhz oder höher; 4 GB RAM; 10/100 Network Card; Oracle 8i Version 8.6.1	1 Server Konfiguration 2-Pentium III 1 GHz oder gleichwertig; 1 GB RAM; Apache Web Server; (Eine 2 Server Konfiguration ist möglich.)

Tabelle 9: Anforderungsvergleich Blackbaord / Ilias

Quelle: Baumgartner, Peter; Häfele Hartmut; Maier-Häfele, Kornelia: E-Learning Praxishandbuch – Auswahl von Lernplattformen, StudienVerlag, 2002, S. 214, S. 105

6.2.2. Anpassung / Erweiterung

6.2.2.1. Proprietäres Segment

Das Erscheinungsbild von *Blackboard* und *WebCT*, d.h. Farben, Schaltflächen, Logos etc., ist auch für Laien problemlos an eine Corporate Identity anpassbar. Interne Editoren stellen alle dafür benötigten Funktionen zur Verfügung.[99]

Beide Programme können in ihrer Funktionalität ohne Code-Modifikation erweitert werden. Einerseits können Add-Ons oder Plug-Ins in das System integriert werden, die durch Serviceanbieter, Hersteller oder lizensierte User entwickelt wurden. Diese müssen häufig käuflich erworben werden. Ein einfaches Beispiel hierfür ist das kostenpflichtige deutsche Sprachpaket der *Lerneffekt GmbH* für *WebCT*.

Andererseits existieren für beide Systeme dokumentierte APIs, die die Integration fremder Programme und eigener Datenbanken ermöglichen. Hilfe bei diesen Programmierarbeiten ist u.a. über die Entwicklernetzwerke der Unternehmen zu beziehen, in denen lizensierte Nutzer Erfahrungen austauschen können. Für *WebCT* steht auch ein SDK mit grafischen Oberflächen zur Verfügung.[100][101]

---

[99]Vgl. Baumgartner, Peter; Häfele Hartmut; Maier-Häfele, Kornelia: E-Learning Praxishandbuch – Auswahl von Lernplattformen, StudienVerlag, 2002, S. 90 ff und S. 284 ff
[100]Anmerkung zum SDK: Durch Recherchen ließ sich nicht eindeutig klären, ob das SDK nur für WebCT-Vista oder auch für die hier verwendete Campus-Edition zur Verfügung steht.
[101]Vgl. Baumgartner, Peter; Häfele Hartmut; Maier-Häfele, Kornelia: E-Learning Praxishandbuch – Auswahl von Lernplattformen, StudienVerlag, 2002, S. 90 ff und S. 284 ff

6.2.2.2. Open Source-Segment[102]

ATutor, *Eledge* und *Ilias* lassen sich ähnlich wie *Blackboard* und *WebCT* über interne Editoren an das Unternehmensbild anpassen. Im Falle von Ilias lassen sich auch mehrere Designs als Templates abspeichern und können später vom User ausgewählt werden. Besonders detailliert lässt sich *ATutor* anpassen, da es sich um einen CSS-Editor handelt, der dementsprechend viele Gestaltungsmöglichkeiten anbietet (Abb.4). Alternativ können extern erstellte CSS-Files hochgeladen werden.

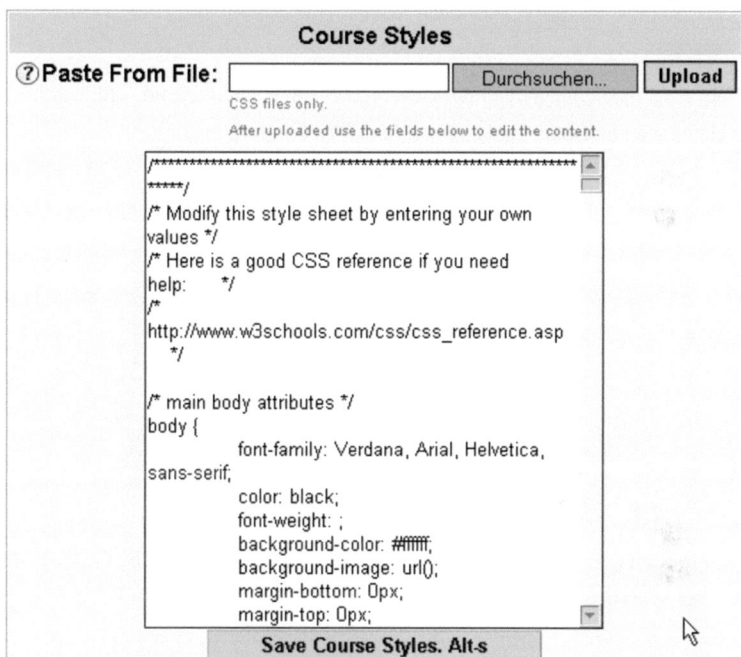

Abbildung 4: ATutor, CSS Editor (Auszug)
Quelle: Screenshot von lokaler Installation, 2004

---

[102]Quellen für diese Kapitel (soweit nicht anders angegeben):
www.atutor.ca, www.claroline.net, www.eledge.com, www.ilias.de, www.moodle.org, www.openuss.de, www.spaghettilearning.com, Dokumentationen der Produkte, sowie eigene Untersuchungen auf lokalen Installationen und Demoinstallationen der Hersteller, 2004

Für die Programme *ATutor*, *Claroline*, *Ilias* und *Moodle* stehen einige Plug-Ins zur Verfügung, welche in der Regel ohne Code-Modifikation und Programmierkenntnisse eingearbeitet werden können. Speziell für *Ilias* und *Moodle* befinden sich ständig weitere Module und Plug-Ins in der Entwicklung, deren Fortschritt über die Road-maps auf den Projektseiten dokumentiert wird.

Anpassungen, die sich auf die nicht genannten Programme beziehen oder mit den oben genannten Mitteln nicht realisierbar sind, lassen sich, bedingt durch den offe-nen Charakter von OS, durch Modifikation des Quellcodes bewerkstelligen. Ausführ-liche Entwicklerdokumentationen und -richtlinien lassen sich für *ATutor*, *Ilias* und *Moodle* finden.

Alle Systeme weisen nach der Installation eine klare, modulhafte Ordnerstruktur auf, die das Einbinden selbstprogrammierter Module vereinfacht.

Ein weiterer wichtiger Punkt, der hier gesondert aufgeführt werden sollte, ist die An-bindung an vorhandene Datenbanken, beispielsweise für Nutzer- oder Produktinfor-mationen. Alle Produkte, außer den beiden Java-Anwendungen Eledge und Ope-nUSS, laufen unter MySQL und können mit dem OS RDBMS *PHP-MyAdmin* verwal-tet werden (*Claroline* hat *PHP-MyAdmin* bereits integriert). Grundlegende *SQL* Kenntnisse vorausgesetzt, ist eine vorhandene Datenbank mit diesen Hilfsmitteln problemlos einzubinden.

6.2.2.3. Beurteilung

Anpassungen von Layout und Design sind in beiden Segmenten gleichermaßen möglich. Die komfortablen Editoren, die sich zu diesen Zwecken in einem Großteil der Programme befinden, ermöglichen eine Bearbeitung auch durch Laien.

Die funktionale Erweiterung, gemeint sind sowohl weitere Module als auch Anbin-dung an Datenbanken und externe Applikationen, unterliegt in beiden Fällen kaum Einschränkungen. Eine größere Anzahl fertiger Zusatzprodukte gibt es zwar für pro-prietäre Plattformen, die unbegrenzten Erweiterungsmöglichkeiten offener Software verschaffen ihr dennoch einen kleinen Vorteil. Interessant ist, dass auch die kom-merziellen Anbieter die Vorteile kooperativer Entwicklungsarbeit zur Plattformanpas-sung nutzen, indem sie Entwicklernetzwerke ins Leben gerufen haben.

6.2.3. Sicherheit

6.2.3.1. Proprietäres Segment

Blackboard und *WebCT* setzen *SSL* für sichere Verbindungen und *LDAP* zur Nutzerauthentizierung ein. Weitere Sicherungs- und Authentizierungssysteme, *Kerberos*, RDBMS-Applikationen usw., lassen sich über kommerzielle Dienstleistungen realisieren.[103] Ferner kann die Einschreibung von Studenten reguliert werden, indem neue Accounts vor der Freischaltung manuell durch Lehrkräfte verifiziert werden müssen.

6.2.3.2. Open Source-Segment[104]

LDAP wird von *Claroline*, *Ilias* und *Moodle* unterstützt, *SSL* lediglich von *Ilias*. *Moodle* verfügt zusätzlich über Authentizierungsmechanismen via *POP3*, *IMAP*, *NNTP* und allgemeine relative Datenbanken (Abb. 5).

---

[103]Vgl. Baumgartner, Peter; Häfele Hartmut; Maier-Häfele, Kornelia: E-Learning Praxishandbuch – Auswahl von Lernplattformen, StudienVerlag, 2002, S. 90 ff und S. 284 ff
[104]Quellen für diese Kapitel (soweit nicht anders angegeben):
www.atutor.ca, www.claroline.net, www.eledge.com, www.ilias.de, www.moodle.org, www.openuss.de, www.spaghettilearning.com, Dokumentationen der Produkte, sowie eigene Untersuchungen auf lokalen Installationen und Demoinstallationen der Hersteller, 2004

Choose an authentication method: Use an LDAP server ▼

Eine externe Datenbank benutzen
Email-based authentication
No authentication
Nur manuelle Zugänge
Use a POP3 server
Use an IMAP server
Use an LDAP server
Use an NNTP server

Use an LDAP

This method provides authenticat[...]
server. If the given username and [...]
creates a new user entry in its dat[...]
user attributes from LDAP and prefill wanted fields in Moodle.
For following logins only the username and password are
checked.

Einstellungen

ldap_host_url:		Geben Sie einen ldap Server in URL-form an wie 'ldap://ldap.myorg.de/' oder 'ldaps://ldap.myorg.de/'
ldap_contexts:		List of contexts where users are located. Separate different contexts with ';'. For example: 'ou=users,o=org; ou=others,o=org'
ldap_user_attribute:		The attribute used to name/search users. Usually 'cn'.
ldap_search_sub:		Put value <> 0 if you like to search users from subcontexts.
ldap_bind_dn:		If you want to use bind-user to search users, specify it here.

Abbildung 5: Moodle, LDAP Implementierung (Auszug)
Quelle: Screenshot von lokaler Installation, 2004

ATutor, *Eledge* und *Spaghettilearning* verfügen über keine technischen Sicherungs-
maßnahmen, für *OpenUSS* standen keine diesbezüglichen Informationen zur Verfügung. Die manuelle Regulierung von neuen Accounts ist mit Ausnahme von *Eledge*
in allen Systemen möglich.

6.2.3.3. Beurteilung

Die wesentlichen Punkte *LDAP* und *SSL* sind in beiden Segmenten vertreten, so
dass kein Bereich signifikante Vor- oder Nachteile aufweisen kann.
Weitergehende Sicherheitsmaßnahmen lassen sich im proprietären Segment hauptsächlich über Dienstleistungen der Anbieter realisieren, im OS-Segment über offene
Implementierungen von *LDAP*, *SSL*, usw. (*OpenLDAP*, *OpenSSL*, *Open-Kerbe-
ros*)[105].

---
[105]Vgl.: http://openssl.org, http://openldap.org, http://web.mit.edu/kerberos, 2004

6.3. Didaktik

6.3.1. Gruppen / Rollen

6.3.1.1. Proprietäres Segment

Blackboard macht ausgiebig Gebrauch von Rollendefinitionen und unterscheidet systemweite Rollen von kursinternen.

Systemweit:	Kursintern:
• Alle	• Instruktor
• Alumni	• Assisstent
• Fakultät	• Autor
• Gäste	• Student
• Andere	
• Zukünftige Studenten	
• Mitarbeiter	
• Studenten	

Tabelle 10: Rollenverteilung bei Blackboard

Quelle: In Anlehnung an Baumgartner, Peter; Häfele Hartmut; Maier-Häfele, Kornelia: E-Learning Praxishandbuch – Auswahl von Lernplattformen, StudienVerlag, 2002

Dank dieser Zweiteilung der Rollen können mit einer *Blackboard*-Installation neben bereits vorhandenen Nutzern (Administatoren, Lerner, Lehrer), auch institutionsfremde Personen (z.B. Journalisten, Ehemalige) gezielt angesprochen werden.[106]

6.3.1.2. Open Source-Segment[107]

Drei Plattformen gehen hier über die gängige Unterteilung in Administator, Instruktor, Student und evtl. Mitarbeiter hinaus. *Spaghettilearning* ermöglicht eine kursunabhängige Gruppenbildung, allerdings können den Gruppen keine spezifischen Rechte oder Ressourcen zugeteilt werden. Kursinterne Gruppen können seit der jüngst erschienenen 1.5_Beta-Version auch in *Claroline* erstellt werden. Jeder Gruppe kön-

---

[106]Vgl. Baumgartner, Peter; Häfele Hartmut; Maier-Häfele, Kornelia: E-Learning Praxishandbuch – Auswahl von Lernplattformen, StudienVerlag, 2002
[107]Quellen für diese Kapitel (soweit nicht anders angegeben):
www.atutor.ca, www.claroline.net, www.eledge.com, www.ilias.de, www.moodle.org, www.openuss.de, www.spaghettilearning.com, Dokumentationen der Produkte, sowie eigene Untersuchungen auf lokalen Installationen und Demoinstallationen der Hersteller, 2004

nen eigene Foren, Dokumente und frei definierbare Rollen zugeordnet werden. Eine individuelle Festsetzung der Rechte ist auch hier nicht möglich.

Die dritte zu erwähnende Plattform ist *Ilias*. Wie früher bereits ausgeführt, stehen bei Ilias Gruppen statt Kurse im Vordergrund. Diese Gruppen können beliebig gebildet und mit Rechten versehen werden. Innerhalb der Gruppen lassen sich wiederum neue Rollen erstellen, die ebenfalls mit beliebigen Rechten ausgestattet werden können. Kurse entstehen, indem Gruppen Lernobjekte wie Foren, Inhalte usw. zugeordnet werden.

6.3.1.3. Beurteilung

Die meisten OS-Systeme arbeiten mit drei bis vier Rollendefinitionen und erreichen damit auf Kursebene nicht ganz, aber im wesentlichen das Niveau der propietären Plattformen. Auch Gruppenbildung wird seit kurzem unterstützt, allerdings benötigen *Spaghettilearning* und *Claroline* noch einige Erweiterungen bezüglich der Rechtekonfiguration. *ATutor* wird in Kürze durch eine Zusatzmodul, *ACollab*[108], zu einer vollwertigen Groupware aufgewertet. Durch das völlig frei konfigurierbare Konzept von *Ilias* kann OS in der Kategorie Gruppen / Rollen als mindestens gleichwertig bezeichnet werden.

6.3.2. Assessment

6.3.2.1. Proprietäres Segment

Blackboard und *WebCT* bieten ausgereifte Funktionalitäten zur Erstellung von Tests. *Blackboard* hat dabei einen etwas grösseren Umfang und soll hier als Referenz dienen.

Neben einzelnen Tests können in *Blackboard* auch Fragen-Pools erstellt werden. Diese lassen sich in anderen Kursen wiederverwenden und zeitabhängig freischalten. Folgende Fragetypen werden von *Blackboard* angeboten:

➢ Single Choice
➢ Multiple Choice
➢ Multiple Answer

---

[108]Vgl.: http://www.atutor.ca/acollab, 2004

- Richtig / Falsch
- Zuordnungsaufgaben
- Lückentext
- Sortieraufgaben
- Kurztext
- Essay

In die Tests können Multimediaobjekte und Attachments integriert werden. Auch die Einbindung externer Assessment Tools, z.B. *Questionmark*, ist über das *Blackboard Building Blocks* Programm möglich.[109]

Zur Lernerfolgskontrolle werden Statistiken über die Ergebnisse der abgelegten Tests geführt. Diese sind individuell für den Lerner, sowie in ihrer Gesamtheit für den Lehrenden abrufbar. Ausserdem führen laut Hersteller Feedbackmechanismen den Lerner *„...durch konstruktive Anweisungen zurück zum Lernmaterial."*[110]

6.3.2.2. Open Source-Segment[111]

Alle OS-Produkte besitzen zumindest grundlegende Funktionen zur Erstellung von Tests.[112] Besonders hervorzuheben ist *Moodle*, welches ähnlich wie *Blackboard* Fragen-Pools und Attachments / Multimediaobjekte ermöglicht. Aus diesen Pools können Fragen auch zufällig für Tests ausgewählt werden. Die Möglichkeit, den Nutzer mittels Feedbackmechanismen neu zu instruieren und zum Lernmaterial zurückzuführen, ist ebenfalls gegeben.

Die unterstützten Fragetypen sind im einzelnen:
- Single Choice
- Multiple Choice

---

[109]Vgl. Baumgartner, Peter; Häfele Hartmut; Maier-Häfele, Kornelia: E-Learning Praxishandbuch – Auswahl von Lernplattformen, StudienVerlag, 2002, S. 98-99
[110]Baumgartner, Peter; Häfele Hartmut; Maier-Häfele, Kornelia: E-Learning Praxishandbuch – Auswahl von Lernplattformen, StudienVerlag, 2002, S. 99
[111]Quellen für diese Kapitel (soweit nicht anders angegeben):
www.atutor.ca, www.claroline.net, www.eledge.com, www.ilias.de, www.moodle.org, www.openuss.de, www.spaghettilearning.com, Dokumentationen der Produkte, sowie eigene Untersuchungen auf lokalen Installationen und Demoinstallationen der Hersteller, 2004
[112]Bei OpenUSS sind zwar Assessment Funktionalitäten vorhanden, ließen sich in der lokalen Test-Installation nicht aktivieren.

- Multiple Answer
- Richtig / Falsch
- Zuordnungsaufgaben
- Sortieraufgaben
- Kurztext

(Die von *Blackboard*, nicht aber von *Moodle* unterstützten Fragetypen Essay und Lückentext werden im OS Bereich von *eledge* angeboten.)

Hinzu kommt die Möglichkeit, Tests aus folgenden Programmen zu importieren:
- *Blackboard*
- *GIF*
- *Course Test Manager*
- *WebCT*
- *Aiken*

Statistiken über abgelegte Prüfungen, deren Benotung frei eingestellt werden kann, lassen sich zur Kontrolle von Lernern und Lehrenden abrufen. Auch wird anhand der Ergebnisse ein Ranking erstellt, welches auch für Lerner einsehbar ist.
Die folgenden Abbildungen zeigen die Schritte zur Erstellung eines Quiz:
Vergabe der Quiz-Eigenschaften (Abb. 6), Auswahl vorhandener Frage oder des Typs einer neuen Frage (Abb. 7) und letztlich die Erstellung einer Frage (hier am Beispiel Multiple Choice) (Abb. 8). Die Screenshots zeigen aus Platzgründen jeweils nur einen Ausschnitt des gesamten Bildschirms. Da sich das Erstellen von Fragen und Quizzes bei anderen Plattformen sehr ähnlich gestaltet, kann das Tool von *Moodle* trotz seines größeren Funktionsumfangs als repräsentativ angesehen werden.

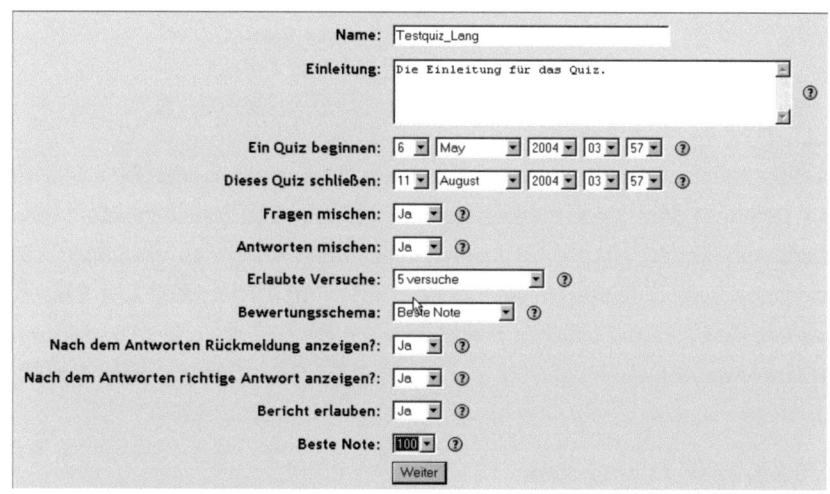

Abbildung 6: Moodle, Initialisierung eines neuen Quiz

Quelle: Screenshot von lokaler Installation, 2004

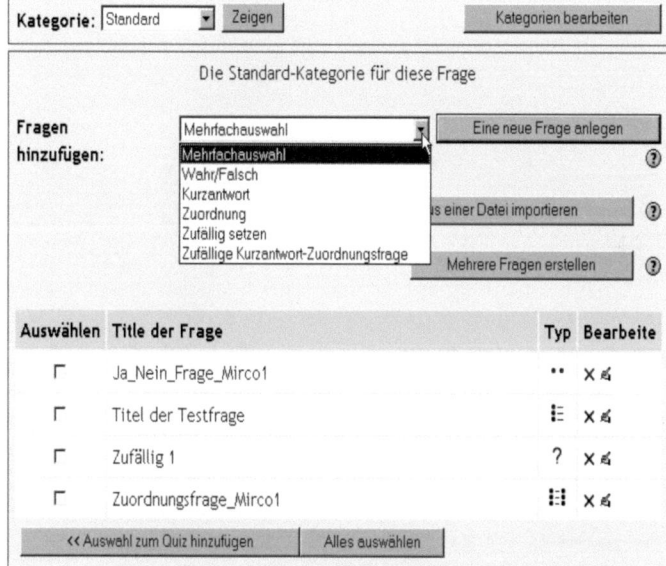

Abbildung 7: Moodle, Auswahl vorhandener und Hinzufügen neuer Fragen

Quelle: Screenshot von lokaler Installation, 2004

6.3.2.3. Beurteilung

Das OS-Segment ist dem proprietären in diesem Bereich ebenbürtig. Dies liegt zu großen Teilen an dem Leistungsspektrum von *Moodle*. Einzelne Elemente lassen sich nicht mit *Moodle*, jedoch mit anderen Plattformen realisieren. *Ilias* kann z.B. *Questionmark* Tests importieren, und *eledge* unterstützt Lückentexte und Essays. *Moodle* und *Ilias* sind die einzigen Programme mit Schnittstellen zu Drittanbietern. Über *Blackboards* Entwicklungsprogramm *Building Blocks* lassen sich zwar Schnittstellen integrieren, dies gilt für OSS aber mindestens in gleichem Maße.

6.3.3. Lehr- / Lernmodell

6.3.3.1. Proprietäres Segment

Sowohl *Blackboard* als auch *WebCT* lassen diverse Lehr- und Lernmodelle zu. Beide erlauben durch Einbindung der Kollaborationstools und relativ flexible Rechtekon-

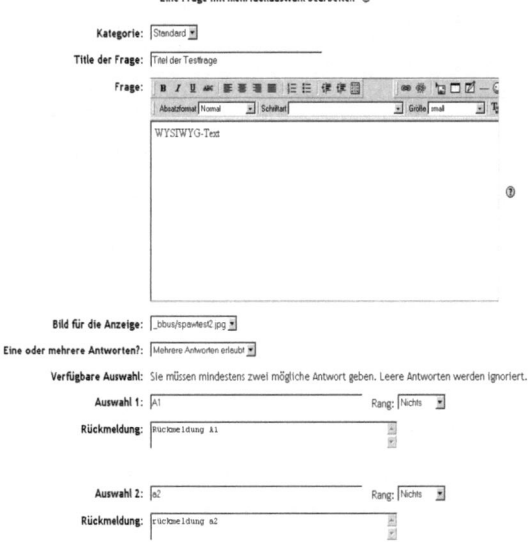

Abbildung 8: Moodle, Eingabemaske Multiple Choice Frage
Quelle: Screenshot von lokaler Installation, 2004

72

zepte eine lernerzentrierte Kursgestaltung.[113] Durch zusätzliche Community Building Maßnahmen seitens der Instruktoren können auf diese Weise im besten Fall Lerngruppen entstehen, die sich durch Gruppenarbeiten, Informationsaustausch und selbst erstellte Materialien weitgehend autonom durch die Lerninhalte arbeiten.

Lehrerzentrierte Kurse lassen sich vor allem über die Hierarchie und Struktur[114] der Lerninhalte sowie die Gestaltung der Einstiegsseiten der Lerner erzielen. *WebCT* ermöglicht Hierarchien durch den integrierten Kurseditor. Für *Blackboard* muss hierfür eine externe Authorware herangezogen werden. Weiterhin ermöglichen die Zugriffs- und Teststatistiken ein tutorielles Eingreifen der Lehrer.

Über Tools, die direkt Einfluss auf das verwendete Konzept haben, verfügen beide Systeme nicht.

6.3.3.2. Open Source-Segment[115]

Eledge, *Spaghettilearning* und *ATutor* orientieren sich weitgehend an der Lehrerzentrierung; *Eledge* und *Spaghettilearning* vor allem aufgrund des eher beschränkten Funktionsumfangs und unflexiblen Konzepts. *ATutors* Lehrerzentrierung ergibt sich durch den hierarchischen und ständig präsenten Lerninhalt. Durch die Erweiterung mit Groupware-Funktionen in der nächsten Version ist davon auszugehen, dass das Lernmodell dann flexibler gestaltet werden kann.[116]

OpenUSS, *Ilias*, *Moodle* und *Claroline* lassen problemlos beide Modelle zu. Dabei kommen die gleichen Methoden und nahezu identische Tools zum Einsatz, die auch die proprietären Plattformen nutzen. *Moodle* und *Claroline* bieten Tools, die direkt Einfluss auf das didaktische Modell nehmen.

---

[113]gl. Baumgartner, Peter; Häfele Hartmut; Maier-Häfele, Kornelia: E-Learning Praxishandbuch – Auswahl von Lernplattformen, StudienVerlag, 2002, S. 98, S. 298
[114]Über die Struktur lassen sich Lernpfade improvisieren.
[115]Quellen für diese Kapitel (soweit nicht anders angegeben):
www.atutor.ca, www.claroline.net, www.eledge.com, www.ilias.de, www.moodle.org, www.openuss.de, www.spaghettilearning.com, Dokumentationen der Produkte, sowie eigene Untersuchungen auf lokalen Installationen und Demoinstallationen der Hersteller, 2004
[116]Auch jetzt lassen sich bereits eher lernerzentrierte Kurse erstellen, allerdings nur über relativ aufwändige Verlinkung und Gestaltung der eigentlichen Lerninhaltsseiten.

Claroline hat seit der Version *1.5.0_beta* ein Lernpfad-Modul. Damit können Inhalte, Tests und Kommunikationeinheiten in eine sequentiell abzuarbeitende Liste aufgenommen werden. Hinzu kommt eine Balken-Anzeige, die den Lernfortschritt in den einzelnen Einheiten protokolliert (Abb. 9).

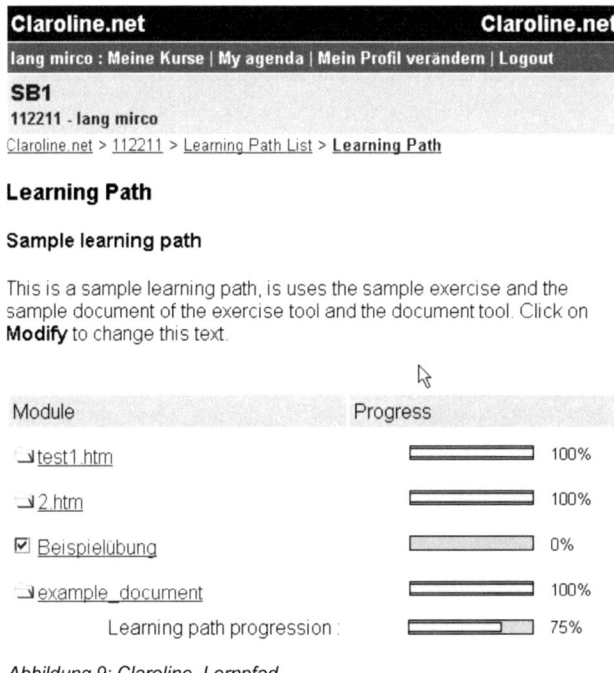

Abbildung 9: Claroline, Lernpfad
Quelle: Screenshot von Demoinstallation auf www.claroline.net, 2004

„One of the main advantages of Moodle over other Systems is a strong grounding in social constructionist pedagogy."[117]
Diese didaktische Ausrichtung hat zur Folge, dass Kurse auf verschiedene Arten dargestellt werden können. Eher sequentiell, und damit lehrerzentriert, sind das wöchentliche und das thematische Format. Dritte Möglichkeit ist das „soziale Format", welches die Kommunikationstools in den Vordergrund stellt und somit eine Fokussierung auf Kollaboration, also Lerner und Lerngruppen, bewirkt.

---

[117]http://moodle.org, 30.07.2004

6.3.3.3. Beurteilung

Allgemeingültige Aussagen bezüglich des verwendeten Lernmodells einer Plattform lassen sich kaum machen. Die offenen Konzepte erlauben die sequentielle Abarbeitung von Kursen ebenso wie die Fokussierung auf Kollaboration und Kommunikation, also auf eher eigenständiges Lernen. Welches Konzept zum Einsatz kommt, liegt maßgeblich an den Kursdesignern.

Ein qualitativer Vergleich zwischen OS und proprietären Systemen ist in diesem Punkt deshalb kaum möglich. Hervorzuheben ist dennoch der vorbildliche Ansatz von *Moodle*.

6.4. Usability

An dieser Stelle sei nochmals kurz darauf hingewiesen, dass eine Usability-Befragung im Rahmen dieser Arbeit nicht möglich war. Aussagen über das Look & Feel sowie die Einschätzung der Schwierigkeit der Installation müssen demnach als teilweise subjektiv angesehen werden.

6.4.1. Einrichtung

6.4.1.1. Proprietäres-Segment

Über Installation und Grundkonfiguration von *Blackboard* liegen keine Informationen aus den untersuchten Evaluationen vor, über *WebCT* nur wenige. Deshalb soll an dieser Stelle die allgemeine Kritik von *Schulmeister* an den Installationsroutinen der getesteten Plattformen stellvertretend aufgeführt werden:

> *„Die Installationsroutinen einiger LMS, sofern überhaupt welche vorhanden waren, müssen erhebliche Kritik vertragen. Während die Installation von IBT und WebCT aufgrund vorhandener Installationsprogramme recht einfach verlief, war bei den anderen Systemen aufwendige manuelle Tätigkeit notwendig. Die Hersteller lieferten keine vollständige Installationsroutine, die im Anschluß auch die Basiskonfiguration übernimmt."*[118]

---

[118]Schulmeister, Rolf: Lernplattformen für das virtuelle Lernen: Evaluation und Didaktik, Oldenbourg, 2003, S. 112

Die Einrichtung von *WebCT* wurde von einer systemfremden Person innerhalb von drei Stunden durchgeführt und bedurfte auf Anhieb keinerlei Nachbesserungen.[119]

6.4.1.2. Open Source-Segment[120]

Die obige Kritik kann für den Open Source-Bereich übernommen werden.

ATutor, *Claroline* und Spaghettilearning verfügen über Installationsroutinen, die auch Datenbankerstellung und Grundkonfiguration (Plattform-Sprache, Kennwörter, etc.) enthalten. Dafür müssen lediglich die Zip-Files der Distributionen extrahiert und die zugehörige Installations-HTML-Seite im Browser aufgerufen werden. Allerdings konnte nur *ATutor* durch Fehlerfreiheit im ersten Versuch überzeugen.

Die Einrichtung von *Moodle* erfolgt Open Source typisch durch Extraktion der Zip-Files, Erstellen einer Datenbank (z.B. mit *MySQL*) und manuellem Editieren der Konfigurations-Textdatei. Dank sehr guter Dokumention dürfte dies auch für Laien möglich sein.

Die beiden Java-Anwendungen *Eledge* und *OpenUSS* verursachen den größten Aufwand, unter anderem, weil Verzeichnisstrukturen manuell erstellt werden müssen. Da *Eledge* für jeden Kurs eine Instanz benötigt, müssen zusätzlich rund 50 Dateien pro Installation editiert werden. *OpenUSS* verlangt einige Anpassungsarbeiten, die auch aufgrund der schlechten Installationsanleitung von Laien kaum durchführbar sein dürften und auch versierte User vor einige Probleme stellen können; begründen lässt sich diese umständliche Installationsprozedur teils dadurch, dass Server und Datenbank in *OpenUSS* integriert sind.

Ilias wurde aufgrund der Komplexität der Einrichtungsprozedur, so werden beispielsweise rund zehn Zusatzprogramme (Bildkompression, Bibliotheken, etc.) zwingend benötigt, nicht lokal installiert. Außerdem existierte zu Beginn dieser Arbeit keine Anleitung für die Installation unter *Windows*.

---

[119]Vgl. Schulmeister, Rolf: Lernplattformen für das virtuelle Lernen: Evaluation und Didaktik, Oldenbourg, 2003, S. 117
[120]Quellen für dieses Kapitel (soweit nicht anders angegeben):
www.atutor.ca, www.claroline.net, www.eledge.com, www.ilias.de, www.moodle.org, www.openuss.de, www.spaghettilearning.com, Dokumentationen der Produkte, sowie eigene Untersuchungen auf lokalen Installationen und Demoinstallationen der Hersteller, 2004

6.4.1.3. Beurteilung

Vorausgesetzt, dass bei der Installation und Grundkonfiguration keine Konflikte auftreten, lassen sich fast alle Plattformen auch von Laien einrichten; signifikante Unterschiede zwischen den beiden Segmenten lassen sich nicht ausmachen.

An dieser Stelle seien zwei Kritikpunkte erwähnt: zum einen ist es völlig unverständ-
lich, dass moderne Softwareplattformen ohne Installationsroutine ausgeliefert werden – dies gilt insbesondere für kostenpflichtige, proprietäre Produkte. Häufig müssen diese stattdessen gegen Gebühren individuell vom Hersteller eingerichtet werden, um fehlerfrei zu funktionieren.[121]

Zum anderen stellt sich die Frage, wie wichtig der Punkt der Installation überhaupt ist
und ob eine Einrichtung durch Laien relevant ist. Dieses Kriterium wird zwar regel-
mäßig in Studien mit einbezogen, so auch in dieser Arbeit, aber aufgrund seines sin-
gulären Charakters kann nicht empfohlen werden, diesem Punkt eine entscheidende
Bedeutung zukommen zu lassen.

6.4.2. Plattformbenutzung

6.4.2.1. Proprietäres Segment

Für *Blackboard* standen weder mit *WebCT* vergleichbare Daten noch eine voll zugängliche Demo-Installation zur Verfügung, weshalb sich die Aussagen auf Durch-
sicht diverser Demo-Kurse auf verschiedenen Webseiten beziehen.[122]

Navigation und Design hinterlassen für ein kommerziell derart erfolgreiches und entsprechend beworbenes Produkt einen äußerst schlichten, wenn auch gleichsam
funktionalen und schlüssigen Eindruck. Die Benutzung dürfte auch für Nutzer ohne
jegliche eLearning-Erfahrung intuitiv möglich sein.

Im Rahmen der Untersuchung von *Schulmeister* wurden Aussagen über das Erscheinungsbild von *WebCT* gemacht, die mit den eigenen Erfahrungen weitgehend
übereinstimmen:

---

[121]Vgl. Schulmeister, Rolf: Lernplattformen für das virtuelle Lernen: Evaluation und Didaktik, Oldenbourg, 2003, S. 115
[122]Vgl. http://courses.mwcc.mass.edu, 2004

„Das Benutzerinterface von WebCT wurde als besonders leicht erlernbar beur-
teilt, was insbesondere für technisch unerfahrene Nutzer vorteilhaft ist. Das De-
sign hingegen hat ein etwas konservatives Look & Feel. Besonders erwähnt
wurden in den Kommentaren der Testautoren

- *die hervorragende Course Map, eine desktop-artige Orientierungshilfe als*
  Überblick über alle Kursseiten, deren Reihenfolge per Drag & Drop modifi-
  zierbar ist
- *der leichte Wechsel per Mausklick zwischen den Designer-Optionen und der*
  Benutzer-Ansicht
- *die Möglichkeit, das Design pro Kurs zu wechseln*
- *der gelungene Überblick über und schnelle Zugriff auf alle Designer-Funktio-*
  nen.“[123]

6.4.2.2. Open Source-Segment[124]

Alle hier getesteten Plattformen weisen eine angemessene Navigation, eine ver-
ständliche Symbolik (Icons) und schlüssige Bezeichnungen für einzelne Bereiche
und Tools auf.

Beim Design lassen sich zwar optische Unterschiede feststellen, das Prinzip der
Oberflächen ist allerdings grundsätzlich dasselbe. So handelt es sich fast ausschließlich um HTML-Tabellen, deren Zellen Datenbankinhalte, Farben und Bilder
zugewiesen werden; die Übergabe von Daten an die Plattform erfolgt mittels einfacher HTML-Formulare. Lediglich *Eledge* fällt aus diesem Schema vollständig heraus,
da die gesamte Plattform nur aus einem Textmenü und einigen Texteingabefeldern
besteht.

Die Einbindung der administrativen, bzw. instruktorischen Tools (entsprechend den
Designer-Optionen aus *WebCT*) ist bei fast allen Produkten sehr funktional und be-
dienungsfreundlich ausgefallen, da für Instruktoren einfach in die normale Benutzer-

---

[123]Schulmeister, Rolf: Lernplattformen für das virtuelle Lernen: Evaluation und Didaktik, Oldenbourg,
2003, S. 114
[124]Quellen für dieses Kapitel (soweit nicht anders angegeben):
www.atutor.ca, www.claroline.net, www.eledge.com, www.ilias.de, www.moodle.org, www.openuss.de,
www.spaghettilearning.com, Dokumentationen der Produkte, sowie eigene Untersuchungen auf lokalen Installationen und Demoinstallationen der Hersteller, 2004

sicht zusätzliche Buttons integriert werden, wie der folgende Screenshot von *Spaghettilearning* illustriert (Abb. 10). Änderungen an Inhalten können direkt in den Frames neben den jeweiligen Menüs nachvollzogen werden. Da *ATutor* und *Ilias* über Authoringkomponenten verfügen (Vgl. Kapitel 6.7.7), gestalten sich die entsprechenden Instruktor-Seiten zwar komplexer, sie fügen sich aber dennoch nahtlos in die intuitiv bedienbaren Oberflächen ein.

Abbildung 10: Spaghettilearning, Hauptmenü in Lerner- (rechts) und Instruktor-Ansicht (links)

Quelle: Screenshots von lokaler Installation, 2004

6.4.2.3. Beurteilung

Bezüglich Nutzerführung, Symbolik / Bezeichnungen und Navigation entsprechen sich beide Segmente zu großen Teilen. Design bzw. Look & Feel der Plattformen lassen sich ohne umfangreiche Usability-Untersuchung nicht vergleichen.

Aus subjektiver Sicht sei jedoch gesagt, dass die pauschale, harte Kritik bzgl. der schlechten Benutzbarkeit von OS-Produkten keinesfalls als berechtigt angesehen werden kann, da auch hier einige Kandidaten einen sehr professionellen Eindruck hinterlassen haben.

6.5. elearning Standards

An dieser Stelle sei nochmals kurz darauf hingewiesen, dass es nicht Teil dieser Arbeit ist, eLearning Standards, ihre Bedeutung und ihren Entstehungsprozess zu beschreiben. Relevant ist hier nur die Implementierung in die Lernplattformen. Für eine ausführliche Auseinandersetzung mit dem Thema können die Diplomarbeit von *R. Kaiser*[125] sowie die Webseiten des britischen *CETIS*[126] herangezogen werden. Eine gute Einführung gibt die Präsentation *Demystifying Standards*.[127]

6.5.1. Proprietäres Segment

Blackboard orientiert sich stark an international anerkannten Standards und engagiert sich zum Teil in deren Entwicklung (z.B. *IMS*). Die Content Spezifikationen von *IMS*, *AICC*, *SCORM* und *Microsoft's LRN* werden vom *Blackboard Learning System* in der Version unterstützt. Neue Standards werden nach Abschluss der Spezifikationsphase eingearbeitet.[128]

Aus der oben erwähnten Präsentation *Demystifying Standards* stammt der folgende Screenshot, der die diversen *WebCT* Versionen bezüglich ihrer Implementierung von Standards gegenüberstellt (Abb. 11). Relevant für diese Arbeit ist die „CE"-Spalte (*Campus Edition*):

---

[125]Kaiser, Ronald: Analyse und Anwendung von Standards für e-Learning-Umgebungen unter besonderer Berücksichtigung des SCORM Modells, Fachhochschule Dresden, 2001
[126]The centre for educational technology interoperability standards, http://www.cetis.ac.uk, 2004
[127]Voltero, Kimberly; Beshears, Fred M.: Demystifying Standards – What are they, and why should they matter to you?, WebCT und University of California at Berkeley, 2003
[128]Vgl. o.V.: Learning Systems Brochure, auf: http://www.blackboard.com, 2004

Where is WebCT Today?	Focus	CE	Vista
IMS Enterprise		✓	✓
IMS Content Packaging	✓	✓	✓
IMS Question & Test	✓	✓	✓
SCORM			✓
Shibboleth, MathML, MPEG5	✓	✓	✓
JA-SIG uPortal		✓	✓
LDAP, Kerberos, SAML		✓	✓
SOAP, WSDL		✓	✓
WebDAV, HTML	✓	✓	✓
J2EE			✓
ADA – Section 508	✓	✓	✓

Abbildung 11: Where is WebCT Today?

Quelle: Voltero, Kimberly; Beshears, Fred M.: Demystifying Standards – What are they, and why should they matter to you?, WebCT und University of California at Berkeley, 2003

Neben allgemeinen technischen Standards wie *LDAP* und *J2EE* wird zwar auch der wichtige *IMS* Standard unterstützt, *SCORM* allerdings erst in der *Vista*-Version. Ebenso wie *Blackboard* orientiert sich auch *WebCT* stark an Standardisierungsbemühungen, um eine möglichst hohe Interoperabilität der Inhalte gewährleisten zu können.

6.5.2. Open Source-Segment[129]

Eledge, *OpenUSS* und *Spaghettilearning* unterstützen derzeit keine eLearning Standards, für *Spaghettilearning* befindet sich allerdings eine *SCORM*-Implementierung in Entwicklung.

Die restlichen Plattformen unterstützen wenigstens einen Standard. *Claroline* ist seit Version 1.5_beta *SCORM* kompatibel. Für Moodle ist *SCORM* noch in der Entwicklung, *IMS* wird bereits unterstützt. *ATutor* richtet sich streng nach *W3C* Richtlinien und hat weiterhin sowohl *SCORM*, als auch *IMS* implementiert. Auch Lerner können

---

[129]Quellen für diese Kapitel (soweit nicht anders angegeben):
www.atutor.ca, www.claroline.net, www.eledge.com, www.ilias.de, www.moodle.org, www.openuss.de, www.spaghettilearning.com, Dokumentationen der Produkte, sowie eigene Untersuchungen auf lokalen Installationen und Demoinstallationen der Hersteller, 2004

hier Kursinhalte oder Bestandteile exportieren, die hierarchische Position der Export-funktion (bspw. Ganzer Kurs, Hauptkapitel) kann der Kursdesigner in der Administra-tion festlegen. Die umfangreichste Unterstützung von Standards findet sich bei *Ilias*. Berücksichtigt werden *Ariadne*, *IMS*, *DCMI*, *SCORM* und *AICC*. Desweiteren können auch *XML* basierte Lernobjekte verarbeitet werden.

6.5.3. Beurteilung

Kommerzielle Anbieter von Lernplattformen orientieren sich seit jeher an eLearning Standards und nehmen teils aktiv an deren Entwicklung teil. Der daraus resultieren-de Vorsprung stellte bisher einen klaren Vorteil dar. Durch die zunehmende Bedeu-tung und Verbreitung dieser Standards und der damit verbundenen Interoperabilität wird aber auch im Open Source-Bereich vor allem auf *SCORM* und *IMS* Spezifikatio-nen vermehrt Rücksicht genommen.

Ein detaillierter Test der auf Standards bezogenen Funktionalitäten ließ sich aufgrund von Einschränkungen der Demo-Versionen nicht durchführen. Dennoch lässt sich feststellen, dass der proprietäre Sektor keine großen Vorteile mehr für sich verbu-chen kann, da Im- und Export von Kursen beispielsweise unter *ATutor* problemlos und einfach funktionieren.

6.6. Service

6.6.1. Service Provider

6.6.1.1. Proprietäres Segment

Für *Blackboard* und *WebCT* existieren international Service-Dienstleistungen, über firmeninterne Abteilungen oder externe Full Service Provider (FSP), die von Installa-tion und ASP, über Schulungen und Workshops, bis zu individuellen Weiterentwick-lungen alle Level abdecken.

WebCT wird in Deutschland von der Hamburger *Lerneffekt GmbH* vertreten, die seit 1998 Support-, Schulungs-, und Integrationsleistungen anbietet. Die Gesellschaft vertreibt neben *WebCT* weitere ergänzende Produkte und kann auf über 60 Referen-zinstallationen verweisen.[130]

---

[130]Vgl. http://www.lerneffekt.de, 07.06.2004

Blackboard bietet auf der Homepage einige wenige deutschsprachige Informationen und verweist auf eine deutsche Telefonnummer. Die in der Untersuchung von *Baumgartner* aufgeführte Ansprechpartnerin arbeitet seit 2003 nicht mehr für *Blackboard*, eine andere Kontaktperson oder Website war nicht zu finden.[131]

6.6.1.2. Open Source-Segment

Für *Eledge* und *OpenUSS* ließen sich keine Service Provider finden.[132] *ATutor*, *Claroline* und *Spaghettilearning* verfügen über FSP, allerdings bisher nicht in Deutschland, sondern vornehmlich in den jeweiligen Entwicklungsländern.

Ilias und *Moodle* werden in Deutschland durch die Hamburger *edugo* (*Moodle*) und die Kölner *Qualitus GmbH* (*Ilias*) vertreten. Beide Gesellschaften bieten Schulungen, technischen Support, ASP und Beratung an. *Edugo* hat sich weitestgehend auf die Betreuung von moodle spezialisiert, während *Qualitus* sich eher am eLearning allgemein orientiert.[133]

6.6.1.3. Beurteilung

Eine Entscheidung zugunsten proprietärer oder offener Software ließe sich aufgrund der professionellen Support-Möglichkeiten nicht ohne weiteres treffen.

Zwischen den beiden Segmenten lassen sich Parallelen feststellen. Zum einen werden von den FSP weitgehend die gleichen Leistungen angeboten, die im Rahmen dieser Arbeit allerdings nicht detailliert preislich und qualitativ verglichen werden können. Zum anderen ist ein Vor-Ort-Service in Deutschland nicht als selbstverständlich anzusehen. In den Usprungsländern der jeweiligen Plattformen lässt sich hingegen in der Regel wenigstens ein FSP ausmachen. Bei den (sehr jungen) OS-Projekten überrascht dies weniger als bei der Branchengrösse *Blackboard Inc.*, die im Rahmen der Evaluation von *Baumgartner* einen deutschsprachigen Support-Standort im dritten Quartal 2002 ankündigte.[134]

---

[131]Vgl. Baumgartner, Peter; Häfele Hartmut; Maier-Häfele, Kornelia: E-Learning Praxishandbuch – Auswahl von Lernplattformen, StudienVerlag, 2002, S. 90 ff und S. 284 ff
[132]Auf der OpenUSS Homepage wird auf die Horvath Customer Intelligence GmbH, Münster verwiesen, die aber lediglich allgemeine Management Beratung und plattformübergreifende Services anbieten.
[133]Vgl. http://www.edugo.de und Vgl. http://www.qualitus.de, 07.06.2004
[134]Vgl. Baumgartner, Peter; Häfele Hartmut; Maier-Häfele, Kornelia: E-Learning Praxishandbuch – Auswahl von Lernplattformen, StudienVerlag, 2002, S. 105

6.6.2. Dokumentation / Online-Support

6.6.2.1. Proprietäres Segment

Für beide Produkte steht umfangreiches Dokumentationsmaterial zur Verfügung. Neben klassischen Printprodukten, bzw. PDFs und HTML-Seiten, können auch diverse WBTs und Flash-Animationen genutzt werden. Für registrierte Benutzer betreiben die Hersteller internationale Support-Foren, in denen die Teilnehmer Erfahrungen austauschen können. Darüber hinaus gehender Support ist nur kostenpflichtig möglich. Deutschsprachige Unterlagen sind für *Blackboard* bisher nicht erschienen.[135]

6.6.2.2. Open Source-Segment[136]

Eledge, *OpenUSS* und *Spaghettilearning* können in dieser Kategorie nicht überzeugen. *Eledge* hat keinen Support und nur eine minimale englische Dokumentation, *OpenUSS* bietet Support über online Foren nur nach Registration, sowie dürftige Unterlagen, *Spaghettilearning* betreibt zwar gute Support-Foren, die italienische Dokumentation ist bisher aber nur zur Hälfte ins Englische übersetzt.

ATutor, *Claroline*, *Moodle* und *Ilias* (nur englisch und deutsch) überzeugen durch ausführliche, multilinguale Dokumentationen, sowie durch die ausgiebige Pflege der frei verfügbaren Foren. *ATutor* wird standardmäßig mit einem „How-To"-Kurs ausgeliefert, also einem Tutorium in Form einer mit *ATutor* erstellten Lerneinheit.

6.6.2.3. Beurteilung

Im Bereich der freien Support-Foren und der textlichen Dokumentation zeichnen sich im OS-Segment eindeutige Vorteile ab, die auch durch den OSS-Entwicklungsprozess und die internationale Entwicklergemeinde zu erklären sind. WBTs und Animationen finden sich hingegen eher im proprietären Segment.

---

[135]Vgl. Baumgartner, Peter; Häfele Hartmut; Maier-Häfele, Kornelia: E-Learning Praxishandbuch – Auswahl von Lernplattformen, StudienVerlag, 2002, S. 90 ff und S. 284 ff
[136]Quellen für diese Kapitel (soweit nicht anders angegeben):
www.atutor.ca, www.claroline.net, www.eledge.com, www.ilias.de, www.moodle.org, www.openuss.de, www.spaghettilearning.com, sowie Dokumentationen der Produkte, 2004

6.7. Features / Funktionen der Lernplattformen

6.7.1. Nutzerverwaltung

6.7.1.1. Proprietäres Segment

Die Nutzerverwaltung von *WebCT* ist funktional, und komfortabel zu benutzen, da die gesamte Verwaltung über das gleiche Web-Interface abläuft wie Kurserstellung und -benutzung. Der Zugriff auf spezifische Nutzer erfolgt über eine unterschiedlich sortierbare Liste, oder über eine Suchfunktion. Für jeden Nutzer liegen ein kurzes Profil, sowie Statistiken über besuchte Kursseiten und abgelegte Tests vor.[137]

Für *Blackboard* standen für die Kategorie Nutzerverwaltung keine geeigneten Daten zur Verfügung.

6.7.1.2. Open Source-Segment[138]

ATutor, Claroline, Ilias, Moodle und *Spaghettilearning* verwenden bezüglich Komfort und Zugriffsmöglichkeiten eine ähnlich ausgestattete Nutzerverwaltung wie *WebCT*. Unterschiede zu *Ilias* und *Moodle* finden sich zum einen in den ausführlicheren Profilen, in denen auch Avatare angelegt werden können, und zum anderen in den Statistiken, die in beiden Fällen Testergebnisse, nicht aber Seitenbesuche protokollieren. *ATutor* und *Claroline* hingegen verzichten auf umfangreiche Profile und Avatare, verfügen dafür aber über Statistiken, die die Seitenzugriffe nicht nur aufzeichnen, sondern in Form von Lernpfad / Navigation Path aufbereiten, wie die folgende Abbildung am Beispiel *Atutor* illustriert (Abb. 12). *Spaghettilearning* bietet nur grundlegende Informationen über Studenten in den Profilen, sowie rudimentäre Statistiken über Testergebnisse. Zusätzlich werden Gruppenzuweisungen in diesem Modul verwaltet.

---

[137]Vgl. WebCT Demoinstallation, http://www.lerneffekt.de/index/webct.html, 2004
[138]Quellen für diese Kapitel (soweit nicht anders angegeben):
www.atutor.ca, www.claroline.net, www.eledge.com, www.ilias.de, www.moodle.org, www.openuss.de, www.spaghettilearning.com, Dokumentationen der Produkte, sowie eigene Untersuchungen auf lokalen Installationen und Demoinstallationen der Hersteller, 2004

Navigation Path for User test

Access Method	Page Viewed	Duration	Date
			Page: 1
Session Start	Session Start	00:03	
Tools	Tools	00:03	Apr-16-04 2:53:48:am
MyTests	MyTests	00:34	Apr-16-04 2:54:03:am
Discussions	Discussions	00:03	Apr-16-04 2:54:06:am
New Thread	New Thread	00:13	Apr-16-04 2:54:42:am
Help	Help	00:02	Apr-16-04 2:54:45:am

Navigation Tendencies for User test

Access Method		Count
Session Start		9
Tools		9
Global Menu		5
Home		4
Logout		3

Oben:
Reihenfolge aller aufgerufenen Seiten mit Besuchsdauer

Links:
Häufigkeit der besuchten Tools und Seiten

Jeweils nur Ausschnitte

Abbildung 12: ATutor, Seitenaufrufe und Navigationspfad
Quelle: Zusammenstellung Screenshots von lokaler Installation, 2004

Weniger komfortabel und umfangreich sind *Eledge* und *OpenUSS*.

Eledge lässt lediglich die Zuweisung von Studenten zu einem Kurs zu, und arbeitet nicht mit Profilen, sondern mit Portofolios die optional auszufüllen sind. Weiters werden Testergebnisse protokolliert. *OpenUSS* arbeitet mit rudimentären Profilen und Tools zum Anlegen und Zuweisen von Teilnehmern.

6.7.1.3. Beurteilung

Leider fehlen in dieser Kategorie Daten von *Blackboard*, der Vergleich mit *WebCT* zeigt allerdings leichte Vorteile zu Gunsten der OSS. Die Zugriffsmöglichkeiten sind in beiden Segmenten weitgehend gleich ausgeprägt, und erlauben auch die Verwaltung sehr vieler Nutzer. Die äußerst umfangreichen Profile von *Moodle* und *Ilias*, so-

wie die zu Navigationspfaden erweiterten Statistiken von *ATutor* und *Claroline*, übertreffen die Merkmale von *WebCT's* Nutzerverwaltung.

6.7.2. Kursverwaltung

Da Zugriffsmöglichkeiten und Komfort der Kursverwaltung weitgehend der Nutzerverwaltung entsprechen, soll in dieser Kategorie ein rein quantitativer Vergleich stattfin-
den, der Kursattribute (Properties), standardmäßige Elemente (in Form von Buttons /
Links auf Kursstartseiten) und die Möglichkeit zur Erstellung hierarchischer Strukturen einbezieht und tabellarisch darstellt. Relevant für die Kurselemente ist, was der
Lerner auf einer Kursstartseite, bzw. kursspezifisch vorfinden kann. Häufig lassen
sich einzelne Elemente ausblenden, so dass hier die Gesamtheit aller Möglichkeiten
erfasst wird.

Für eine bessere Übersicht, stehen proprietäre und offene Plattformen in der gleichen Tabelle, welche sich deshalb in Kapitel *6.7.2.3 Beurteilung* befindet.

6.7.2.1.   Proprietäres Segment

Vergleichstabelle siehe Kapitel *6.7.2.3 Beurteilung.*

Eine Besonderheit an *WebCT* ist, dass ein Kurs mehrere Inhaltsmodule enthalten
kann. Andere Programme, sowohl proprietäre als auch offene, stellen jedem Kurs
nur einen Bereich für Lerninhalte zur Verfügung. Eine genauere Zuordung obliegt in
diesen Fällen dem jeweiligen Kursdesigner.

6.7.2.2.   Open Source-Segment

Vergleichstabelle siehe Kapitel *6.7.2.3 Beurteilung.*

Ilias kann aufgrund der Gruppenfokussierung nur bedingt direkt verglichen werden
und wird in der Tabelle nicht berücksichtigt. Auch *Eledge* besitzt in diesem Punkt
einen Sonderstatus, da jedem Kurs eine Instanz des Produktes entspricht und Kursverwaltung somit eine völlig andere Bedeutung hat. Eine dritte Anmerkung sei zu
Spaghettilearning gestattet, weil es zwar die Erstellung von Ordnern innerhalb eines
Kurses zulässt, aber nur in einer einzigen Hierarchieebene.

6.7.2.3. Beurteilung

Kursverwaltung Attribute und Elemente von Kursen[139] (Auflistung alphabetisch)	Blackboard	WebCT	ATutor	Claroline	Eledge	Ilias	Moodle	OpenUSS	Spaghettilearning
Erstellen beliebiger Hierarchien für Inhalte		x	x	x		--			
Attribute (in Kursverwaltungsmenü)									
-Anzeige von Kursaktivitäten an/aus		x				--	x		
-Beschreibung / Zusammenfassung	x	x	x		x	--	x		
-Bezeichnungen für Teilnehmer (Lehrer / Lerner)						--	x		
-Export-Optionen			x			--			
-Kategorie(n) (z.B. Fachbereiche oder Themengebiete)	x	x	x	x	x	--	x		x
-Kursdesigner-Optionen (Sprache, Shot-Cuts, u.ä.)			x			--			
-Kurspezifische Sprache			x			--			x
-Kürzel / ID	x	x	x	x		--	x		x
-Layout-Optionen	x				x	--	x		
-Lernmodell						--	x		
-max. Kursgrösse			x			--			
-Tracking an/aus			x		x	--			
-Zugriffsoptionen	x		x	x	x	--	x		
-Zuordnung Kursleiter / Assisstenten	x	x	x	x		--			
Elemente (User-Sicht)									
-Agenda	x	x		x	x	--			x
-Ankündigungen (Announcements)	x	x	x	x		--	x	x	x
-Annotationen		x			x	--			x
-Chat	x	x	x	x		--	x	x	x
-Content / Dokumentablage	x	x	x	x	x	--	x	x	x
-Forum	x	x	x	x	x	--	x	x	x
-Glossar		x	x			--			
-Kalendar	x	x			x	--	x		
-Links	x	x	x	x		--	x		x
-Statistik / Navigation Path		x	x		x	--	x		x

[139]Anmerkung zur Tabelle: Ein nicht angekreuztes Attribut bedeutet nicht zwangsläufig, dass diese Funktion im Programm nicht vorkommt, sondern lediglich nicht in der Eingabemaske für die Kursverwaltung. Beispielsweise lässt sich das Layout von ATutor sehr umfangreich anpassen, aber über die Personalisierungsfunktionen, nicht über Verwaltung.
Für Elemente gilt hier die Einschränkung, dass sie kurspezifisch und für den User sichtbar sein müssen. Beispielsweise gibt es in Claroline durchaus Statistiken für einen einzelnen Kurs, diese sind für den User jedoch nicht sichtbar.

Kursverwaltung Attribute und Elemente von Kursen (Auflistung alphabetisch)	Blackboard	WebCT	ATutor	Claroline	Eledge	Ilias	Moodle	OpenUSS	Spaghettilearning
-Suche		x	x			--			
-Teilnehmer Informationen (Profile, Gruppen)	x	x	x	x	x	--	x	x	x
-Upload	x				x	--			
-Virtual Classroom	x					--			
-Quizzes (Übungen, Tests, Homework, etc.)	x	x	x	x	x	--	x		x

Tabelle 11: Kursverwaltung, Attribute und Elemente
Quellen: Eigene Recherchen; 2004

Wie eingehend bereits erwähnt, lassen sich zwischen den beiden Segmenten kaum Unterschiede bezüglich des Zugriffes auf die Kurse finden. Die Tabelle zeigt, dass auch Art und Umfang von Kursattributen und -elementen keine eindeutige Favorisierung zulassen.

6.7.3. Synchrone Kommunikation

6.7.3.1. Proprietäres Segment

Die sychnchronen Kommunikationsmöglichkeiten sind bei *Blackboard* und *WebCT* nahezu identisch, beide bieten Chat und Whiteboard. *WebCT* trennt beide Funktionen und gestattet die Aufzeichnung der Kommunikation in den Chat-Räumen. *Blackboard* kombiniert beides in einem Virtual Classroom, zu dem auch fertige Schnittstellen existieren, z.B. für *Microsoft Netmeeting*.[140]

6.7.3.2. Open Source-Segment[141]

Bis auf *Eledge* bieten alle Programme einen Chat. *Spaghettilearning* hat zusätzlich einen integrierten Virtual Classroom mit Whiteboard und Video-Konferenz, allerdings noch in der Beta-Version.

---

[140]Vgl. Baumgartner, Peter; Häfele Hartmut; Maier-Häfele, Kornelia: E-Learning Praxishandbuch – Auswahl von Lernplattformen, StudienVerlag, 2002, S. 90 ff und S. 284 ff
[141]Quellen für diese Kapitel (soweit nicht anders angegeben):
www.atutor.ca, www.claroline.net, www.eledge.com, www.ilias.de, www.moodle.org, www.openuss.de, www.spaghettilearning.com, Dokumentationen der Produkte, sowie eigene Untersuchungen auf lokalen Installationen und Demoinstallationen der Hersteller, 2004

6.7.3.3. Beurteilung

Zwischen proprietären und offenen Chat-Funktionen bestehen nur minimale Unterschiede in der Ausführung. Die integrierten Whiteboards sprechen hingegen deutlich für den proprietären Bereich.

Die Fertigstellung der Virtual Classroom Komponente für *Spaghettilearning* wird diesen Nachteil, soweit die Beta-Version dies bereits sagen lässt, vorraussichtlich in einen Vorteil wandeln, da Video-Conferencing direkt integriert ist.

Die Zusammenarbeit mit externen Produkten lässt sich mit proprietären und offenen Systemen realisieren.

6.7.4. Asynchrone Kommunikation

6.7.4.1. Proprietäres Segment

In *WebCT* sind Disskussionsforen und ein internes Mailsystem[142] integriert. Die Foren können von Instruktoren über ein Webinterface angepasst und in den Kurs eingebunden werden. Die Darstellung erfolgt nach Threads oder ungeordnet. Über die Mailfunktion können Nachrichten, ggf. mit Anhängen, an Plattform-Nutzer geschickt und später auch weitergeleitet werden.

Blackboard weist eine sehr ähnliche Forumsfunktion auf, erlaubt allerdings das Anfügen von Attachments. Das Mailsystem *„basiert auf dem Zusatzprodukt Mailspinner, das lizenzierten Kunden erlaubt, verschiedene POP oder IMAP basierte Emailviewer zusammenzuführen und alle Email Accounts von einem Portal aus zugänglich zu machen."*[143] Hier ist also auch die Möglichkeit gegeben, reguläre eMails über die Plattform zu versenden.

6.7.4.2. Open Source-Segment[144]

Alle Plattformen verfügen über Disskussionsforen die in ihrer Ausprägung kaum Unterschiede zu den Versionen von *Blackboard* und *WebCT* aufweisen. Die Privat Mes-

---

[142]Bei WebCT ist „internes Mailsystem" gleichbedeutend mit Privat Messaging, es können also nur Mails innerhalb der Plattform verschickt werden.

[143]Statement von Blackboard, Inc., in: Baumgartner, Peter; Häfele Hartmut; Maier-Häfele, Kornelia: E-Learning Praxishandbuch – Auswahl von Lernplattformen, StudienVerlag, 2002, S. 96

[144]Quellen für diese Kapitel (soweit nicht anders angegeben):
www.atutor.ca, www.claroline.net, www.eledge.com, www.ilias.de, www.moodle.org, www.openuss.de, www.spaghettilearning.com, Dokumentationen der Produkte, sowie eigene Untersuchungen auf lokalen Installationen und Demoinstallationen der Hersteller, 2004

saging Funktionen von *ATutor*, *Ilias* und *Spaghettilearning* erlauben den plattfominternen Versand von Nachrichten und entsprechen somit etwa dem internen Mailsystem von *WebCT*. Mit *Eledge* und *Ilias* können zusätzlich reguläre eMails versand werden.

6.7.4.3. Beurteilung

In der Kategorie Asynchrone Kommunikation lässt sich kein qualitativer Unterschied zwischen den beiden Produktgruppen verzeichnen, da sowohl die Art der Tools, als auch deren Ausführung, nur geringfügige Unterschiede aufweisen.

6.7.5. Personalisierung

6.7.5.1. Proprietäres Segment

Personalisierungsmöglichkeiten für Studenten sind bei beiden Produkten vorhanden. Als Gemeinsamkeit lässt sich feststellen, dass auf der Startseite individuelle Ankündigungen und Testergebnisse, eine Liste der belegten Kurse, sowie ein Kalender Platz finden, welcher allerdings nur bei *WebCT* editierbar ist.[145]

WebCT bietet unter der Rubrik *MyWebCT* weitere Funktionen an. Hier lassen sich Listen mit internen und externen Links anlegen, beliebige Annotationen zu den Inhalten verfassen und die Zugänglichkeitseinstellungen, Accessebility, verändern. Dies beinhaltet Farbschema, Whiteboard Interface und die Zeitanzeige bei der Durchführung von Tests.

Studenten können sich auch eine kleine Homepage erstellen. Dafür werden Tools zum Erstellen und Bearbeiten von Links, Banner und Farben, sowie ein WYSIWYG-Editor angeboten. Auf diese Weise können Teilnehmer sich vorstellen, oder eine persönliche Einstiegsseite aufbauen, die beispielsweise mit thematisch relevanten Seiten oder Artikeln verlinkt ist.[146]

Blackboard lässt die Gestaltung der Eingangsseite zu, die mit Farben und Links auf Module den persönlichen Bedürfnissen angepasst werden kann. Annotationen sind laut Hersteller *„möglich, wenn:*

---

[145]Vgl. Baumgartner, Peter; Häfele Hartmut; Maier-Häfele, Kornelia: E-Learning Praxishandbuch – Auswahl von Lernplattformen, StudienVerlag, 2002, S. 90 ff und S. 284 ff
[146]Vgl. WebCT Demoinstallation, http://www.lerneffekt.de/index/webct.html, 2004

- *der Content diese Funktion integriert hat;*
- *die Digital Drop Box genutzt wird; Inhalte heruntergeladen und bearbeitet werden;*
- *ein Content Management Systems mit Blackboard integriert wird, das diese Möglichkeit bietet."*[147]

6.7.5.2. Open Source-Segment[148]

Die Anpassungsmöglichkeiten fallen im OS-Bereich deutlich unterschiedlicher aus. *Claroline* und *Moodle* verzichten hier auf aktive Funktionen und beschränken sich auf Kurslisten. Bei *Spaghettilearning* kommen zumindest kursspezifische Annotationen hinzu. Auch *Eledge* kommt ohne Personalisierung aus, wird hier aber gesondert erwähnt, da Wizards für die Erstellung diverser umfangreicher Portofolios vorhanden sind. Diese erlauben den Studenten zumindest, sich in Bezug auf Kompetenzen, Interessen usw. vorzustellen.

OpenUSS und Ilias arbeiten mit Themes, welche die farbliche Gestaltung leicht verändern. In *Ilias* können ausserdem Linklisten angelegt, ein Kalender bearbeitet und Annotationen gemacht werden.

Die umfangreichsten und detailliertesten Funktionen zur Individualisierung finden sich eindeutig im kanadischen *ATutor* wieder. Die Positionen von Präsentationslinks (Vor- und Rückbutton für Inhalte), Menüs und Inhaltsverzeichnis lassen sich verändern. Auch die Reihenfolge der Sub-Menüs (Lokal, Global, Glossar, Suche, etc.) ist frei variierbar. Weiter kann der User entscheiden, ob diverse Elemente, wie z.B. Pop-Up Hilfe, angezeigt oder ausgeblendet werden sollen und ob die Navigationslinks mit Text, Icon oder beiden erscheinen. Eine Auswahl verschiedener Schriftarten und Farbschemata runden das Bild ab.

Kombinationen dieser Einstellungen sind als Presets, z.B. *ATutor Default* und *Accessability*, verfügbar und gelten wahlweise für einzelne Kurse oder plattformweit. Die gesamte Oberfläche zeigt der folgende Screenshot (Abb. 13).

---

[147]Statement von Blackboard, in: Baumgartner, Peter; Häfele Hartmut; Maier-Häfele, Kornelia: E-Learning Praxishandbuch – Auswahl von Lernplattformen, StudienVerlag, 2002, S. 97
[148]Quellen für dieses Kapitel (soweit nicht anders angegeben):
www.atutor.ca, www.claroline.net, www.eledge.com, **www.ilias.de**, www.moodle.org, www.openuss.de, www.spaghettilearning.com, Dokumentationen der Produkte, sowie eigene Untersuchungen auf lokalen Installationen und Demoinstallationen der Hersteller, 2004

Preset Preferences

⑦Preset Preferences		
Select Preset:	Accessibility ▼	**Apply Preset**

Personal Preferences

⑦Position Options		⑦Display Options
Menu:	right ▼	☑ Show Topic Numbering
Sequence Links:	top and bottom ▼	☑ Show Breadcrumbs
Table of Contents:	Top ▼	☑ Show Heading Navigation
		☑ Show ATutor Help
		☑ Show ATutor Pop-Up Help

⑦Text & Icons		⑦Menus
Main Navigation:	icons and text ▼	Local Menu ▼
Login Navigation:	icons and text ▼	Global Menu ▼
Sequence Navigation:	icons and text ▼	Related Topics ▼
Content Icons:	icons and text ▼	Users Online ▼
		Glossary ▼
		Search ▼

⑦Themes	
Font Theme:	Verdana ▼
Colour Theme:	ATutor Original ▼
Override selections with this course's custom Colour & Font theme. (If ○ yes, ◉ no available.)	

Set Preferences [Alt-s]

Abbildung 13: ATutor Control Panel (Ausschnitt)
Quelle: Screenshot von lokaler Installation, 2004

6.7.5.3. Beurteilung

Leichte Vorteile lassen sich im OS-Segment ausmachen. *Ilias* entspricht weitgehend der Funktionalität der proprietären Plattformen, und bezüglich der optischen Anpassung durch die Studenten, übertrifft *ATutor* alle anderen Produkte deutlich.

Die Möglichkeit, dass der Student eine eigene Homepage erstellt, ist in Eledge und *WebCT* eingearbeitet, die Realisierung ist in *WebCT* allerdings deutlich komfortabler.

Die Bereitstellung individualisierter Informationen beschränkt sich in beiden Segmenten auf Kurslisten, Termine, Prüfungen und Mitteilungen.

6.7.6. Präsentation von Lerninhalten

6.7.6.1. Proprietäres Segment

Die Präsentation von Lerninhalten ist in *WebCT* vorbildlich realisiert. Eine globale Navigationsleiste zeigt den genommenen Pfad bis zur aktuellen Seite an (z.B. *Homepage – Kurs 1 – Kapitel 1 - Seite 1*, aber bei direktem Zugriff auch *Homepage – Seite 2*). Das Inhaltsverzeichnis des jeweiligen Content-Moduls wird als Hierarchie in einem Frame angezeigt, daneben die zugehörige Seite. Zusätzlich kann über Vor- und Rückbutton navigiert werden. Weitere Buttons stehen zu Verfügung, um die Seite neu zu laden, das Inhaltsverzeichnis einzeln anzeigen zu lassen, und die zuletzt genutzte Seite aufzurufen (also ein zweiter Rückbutton, der sich nicht an dem Inhaltsverzeichnis, sondern am Pfad orientiert).[149]

Da bei der Präsentation neben den Funktionen die Optik eine besondere Rolle spielt, soll diese anhand des folgenden Ausschnitts eines Screenshots dokumentiert werden (Abb. 14):

Abbildung 14: WebCT, Präsentation von Lerninhalten (Ausschnitt)
Quelle: Screenshot von Demoinstallation, http://www.lerneffekt.de, 2004

---

[149]Vgl. WebCT Demoinstallation, http://www.lerneffekt.de/index/webct.html, 2004

Da *Blackboard* keine eigenen Funktionalitäten zur Erstellung von Inhalten besitzt, hängt auch deren Präsentation maßgeblich von der eingesetzten Authorware ab, folglich fallen in dieser Kategorie relevanten Daten an.

6.7.6.2. Open Source-Segment[150]

Ähnlich wie *Blackboard* sind auch die meisten OS -Plattformen nicht direkt für die Präsentation von Inhalten konzipiert, sondern stellen Inhalte eher über eine Dokumentablage im weitesten Sinne zur Verfügung, so dass extern erstellte WBTs abgespielt werden können. Lediglich *ATutor* und *Ilias* weisen stark Inhaltsorientierte Merkmale auf. Zwar erlaubt auch *Claroline* eine strukturierte Präsentation, aber nur mit Hilfe der Lernpfad-Funktionen.

ATutor und *Ilias* unterscheiden sich nur in kleinen Bereichen von *WebCT*.
Ilias öffnet für Inhalte standardmäßig ein neues Fenster, zeigt in der globalen Navigationsleiste nicht den benutzten Pfad, sondern die (hierarchische) Position an (z.B. *Homepage – Kurs 1 – Kapitel 1 - Seite 1*, auch bei direktem Zugriff auf *Seite 1* von der *Homepage*) und überlässt die Funktionen der Buttons *Pfad-Zurück* und *Neu-Laden* dem Browser. Neben der *WebCT* ähnlichen Darstellung in zwei Frames, ist auch eine Anzeige in drei Frames, Vollbild oder gänzlich ohne Inhaltsverzeichnis möglich.

In *ATutor* kann die Baumstruktur der Inhalte Ein- oder Ausgeblendet werden, ohne dass sich weitere Änderungen am Erscheinungsbild ergeben. Die Navigation durch die so nahtlos integrierten Inhalte entspricht weitestgehend *Ilias* und *WebCT*.

Der folgende Screenshot von *Ilias* zeigt die Grundzüge der Präsentation (Abb. 15):

---

[150]Quellen für dieses Kapitel (soweit nicht anders angegeben):
www.atutor.ca, www.claroline.net, www.eledge.com, www.ilias.de, www.moodle.org, www.openuss.de, www.spaghettilearning.com, Dokumentationen der Produkte, sowie eigene Untersuchungen auf lokalen Installationen und Demoinstallationen der Hersteller, 2004

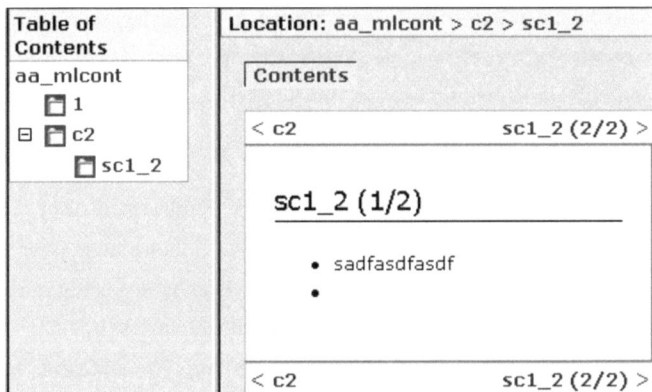

Abbildung 15: Ilias, Präsentation von Lerninhalten (Ausschnitt, verkleinert)
Quelle: Screenshot von Demoinstallation, http://ilias.uni-koeln.de, 2004

6.7.6.3. Beurteilung

Die angebotenen Funktionalitäten von *WebCT* werden von *Ilias* und *ATutor* in gleichem Maße realisiert. Die optischen Qualitäten sind nicht ohne weiteres zu bewerten, grobe Ausfälle gibt es aber in beiden Segmenten nicht. *Ilias* variables Konzept bezüglich der Nutzung von Frames, entsprechendes Kursdesign vorausgesetzt, stellt einen eindeutigen Vorteil dar.

6.7.7. Authorware

6.7.7.1. Proprietäres Segment

Blackboard lässt die Integration von Drittanbieter Authorware zu, besitzt jedoch keine eigenen Funktionen.[151]

WebCT realisiert Authorware-Funktionen, indem zusätzlich zur studentischen, eine zweite Ansicht eingeführt wird. Zwischen dieser Designeransicht, mit den entsprechenden Funktionen zur Erstellung von Seiten, und der regulären Ansicht, kann reibungslos gewechselt werden, so dass Kursdesigner jederzeit die Auswirkungen ihrer Arbeit kontrollieren können.

---

[151]Anmerkung: Die Integration von Inhalten, welche mittels Drittanbieter-Software erstellt wurden, ist bei allen Produkten generell möglich.

96

Die Erstellung von Seiten läuft über Buttons, die das Hinzufügen von Überschriften, Paragraphen und sonstigen HTML-Elementen ermöglichen. Für die Besetzung dieser Elemente mit Inhalten, stellt *WebCT* einen nachgeschalteten Texteditor zur Verfügung.

Einzigartig ist die Möglichkeit, jede einzelne Inhaltsseite mit Modulen wie Links oder Tests auszustatten. Normalerweise kann dies nur kurspezifisch, oder über die erstellten Inhalte realisiert werden, *WebCT* bietet diese Möglichkeit innerhalb der Authorwarefunktionalitäten an.[152]

Die Erstellung von Seiten durch das Hinzufügen kleinster Elemente über Buttons ist etwas umständlich und gewöhnungsbedürftig. Dies gilt vor allem im Gegensatz zu HTML-Editoren wie z.B. *Dreamweaver*. Der Grund für diese Benutzerführung findet sich in der Kompatibilität zu eLearning Standards. Nur durch diese beinahe atomare Einteilung lassen sich genaue Metadaten erfassen, und beispielsweise mit *LOM* oder *XML* weiterverarbeiten. Ein WYSIWYG-Editor der das unprotokollierte Erstellen von Überschriften, Paragraphen und ähnlichem erlauben würde, wäre trotz des damit einhergehenden Komforts kontraproduktiv.

6.7.7.2. Open Source-Segment[153]

Über eine Authorwarekomponente im eigentlichen Sinne, ein Tool zur Erstellung ganzer Kurse, verfügen nur *ATutor* und *Ilias*. *Claroline* und *Spaghettilearning* haben zwar integrierte WYSIWYG-Editoren, aber *Spaghettilearning* lässt nur eine Hierarchieebene zu, und in *Claroline* können Kurse nur über ein Zusammenspiel von Dokumentablage und Lernpfad konstruiert werden.

Die Authorwarekomponente von *ATutor* sieht vor, eine hierarchische Struktur aufzubauen und extern erstellte HTML-Seiten hochzuladen, bzw. über den Texteditor zu erstellen. Hierbei handelt es sich allerdings nicht um einen WYSIWYG-Editor, lediglich einige Grafiken (z.B. Emoticons) und simple HTML-Tags (Fett, Link, etc.) können

---

[152]Vgl. WebCT Demoinstallation, http://www.lerneffekt.de/index/webct.html, 2004
[153]Quellen für dieses Kapitel (soweit nicht anders angegeben):
www.atutor.ca, www.claroline.net, www.eledge.com, www.ilias.de, www.moodle.org, www.openuss.de, www.spaghettilearning.com, Dokumentationen der Produkte, sowie eigene Untersuchungen auf lokalen Installationen und Demoinstallationen der Hersteller, 2004

über Schaltflächen eingebaut werden. Jeder Inhaltsseite werden optional Keywords, Glossareinträge, sowie ein Veröffentlichungsdatum zugeteilt.

Den grössten Umfang in dieser Kategorie weist *Ilias* auf. Wie in *WebCT* basiert die Seitenerstellung auf der Zuordnung kleinster Elemente. Die hierarchische Einteilung erfolgt über Kapitel, Subkapitel und Seiten. Auch hier fehlt zwangsläufig ein WYSI-WYG-Editor, da ansonsten die Metadatenerfassung Fehler aufweisen würde. Zusätzliche Metadaten (Sprache, Lebenszyklus, Technik, Hierarchieebene, etc.) können optional für Seiten und Kapitel eingegeben werden. Für die Bearbeitung der Inhalte der Elemente (Paragraphen, Listen, usw.) kann neben reiner Texteingabe auf Schaltflächen für Textstile und interne Links zugegriffen werden.

Die unorthodoxe Arbeitsweise von Ilias (und auch *WebCT*) soll durch den folgenden Ausschnitt eines Screenshots verdeutlicht werden (Abb. 16). Zu sehen ist ein Table mit drei Spalten und zwei Zeilen innerhalb einer Seite. Die linke und mittlere Zelle der zweiten Zeile sind bereits mit Inhalten gefüllt, die Drop-Down Liste in der rechten Zelle zeigt die verschiedenen Elemente, die in diese Zelle eingefügt werden können.

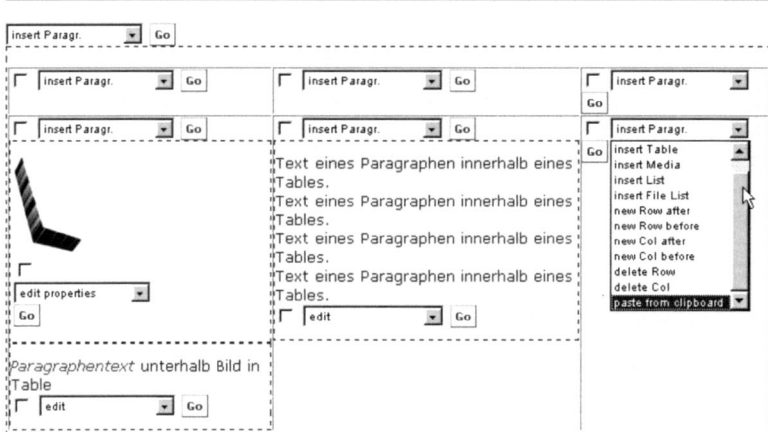

Abbildung 16: Ilias, Authorwarekomponente – Seitenerstellung
Quelle: Screenshot von Demoinstallation, http://ilias.uni-koeln.de, 2004

6.7.7.3. Beurteilung

Bedingt durch Metadatenkonformität ist die Bedienung von Editoren wie in *WebCT* und *Ilias* etwas gewöhnungsbedürftig. Ein Vergleich mit üblichen WYSIWYG-Editoren oder der Version von *ATutor*, die keine eLearning Standards berücksichtigen, ist kaum möglich. Beim direkten Vergleich von *Ilias* und *WebCT* zeigt sich *WebCT* etwas Bedienungsfreundlicher und lässt jeder Inhaltsseite individuell Module zuordnen. *Ilias* kann dafür mit grösserer Flexibilität und wenig mehr Funktionen aufwarten.

An dieser Stelle scheint es angebracht darauf hinzuweisen, dass alle Programme im Test, außer *ATutor, Ilias* und *WebCT*, darauf ausgelegt sind, Inhalte (WBTs) über die Dokumentablage einzubinden, was natürlich auch mit den genannten Ausnahmen möglich ist. Extern erstellte Inhalte, z.B. mit *Makromedia Authorware* oder *Flash*, können über Animationen und interaktive Elemente verfügen. Sie sind den Authorwarekomponenten der Plattformen deutlich überlegen, allerdings sind multimediale, interaktive Inhalte sehr kostspielig und schwierig zu erstellen. Die plattforminternen Authorwarekomponenten dienen also hauptsächlich zum Erstellen von text- und bildlastigen Lerneinheiten, sowie zum professionellen Einbinden externer Inhalte.

6.7.8. Weitere Funktionalitäten

Der Vollständigkeit halber sei noch darauf hingewiesen, dass einige Plattformen Aspekte aufweisen, die durch die hier abgearbeitete Kriterienliste nicht abgedeckt wurden. Solche Aspekte sind beispielsweise Integration in / von Content Management Systemen (z.B. *Moodle* und *PostNuke*), eCommerce-Komponenten (vorbereitet in *Ilias*), Nutzung mobiler Endgeräte (*OpenUSS*-News per WAP und SMS), Abbildung von institutionellen Hierarchieebenen oder auch Ausdruck von Lehreinheiten (in *WebCT* nach beliebiger Hierarchieebene möglich).

Features dieser Art mögen zwar für konkrete Einsatzszenarien durchaus ausschlaggebend sein, entfalten für die Zielsetzung dieser Arbeit jedoch kaum Relevanz.

7. Auswertung des Vergleichs aus Open Source-Perspektive

7.1. Positive Aspekte

Die Open Source Software weist in insgesamt vier Kategorien Vorteile auf.

Dies sind zum einen die Kategorien *Systemanforderungen* und *Anpassung / Erweiterung* aus der Oberkategorie *Technik*.
Die Vorteile bei den Systemanforderungen sind sehr deutlich und entsprechen der allgemeinen Bewertung von Open Source Software. Im Bereich *Anpassung / Erweiterung* ist nur ein leichter Vorteil zu bemerken; dieser gründet sich weniger auf mehr integrierte Tools und fertige APIs als auf die Möglichkeit, den Quelltext zu bearbeiten.

Zum anderen handelt es sich um die Kategorien *Nutzerverwaltung* und *Individualisierung* aus der Oberkategorie *Features / Funktionen der Lernplattformen*.
Bei der Nutzerverwaltung zeichnet sich aufgrund umfangreicherer Profile und etwas aussagekräftigerer Statistiken lediglich ein leichter Vorteil für die OSS ab, die Individualisierungsmöglichkeiten sind hingegen deutlich besser.

7.2. Negative Aspekte

In drei Kategorien zeigen sich Nachteile für die OS-Plattformen.

Mit einem schlechteren Abschneiden in der Kategorie *Nachhaltigkeit* hat der OS-Bereich einen der Hauptkritikpunkte bestätigt – allerdings nicht in einem Maße, welches die OS-Produkte von vornherein disqualifizieren würde.

Ebenfalls zu erwarten war der Nachteil im Bereich *eLearning Standards*. Durch das Engagement kommerzieller Anbieter bei der Entwicklung dieser Standards könnte dieser negative Punkt auch weiterhin bestehen bleiben, obwohl die OS-Entwicklungen zunehmend Standards adaptieren.

Der dritte Aspekt umfasst minimale Schwächen der synchronen Kommunikationsmittel. So entsprechen die offenen Chats zwar ihren proprietären Gegenstücken, Whiteboards lassen sich bisher allerdings gar nicht ausmachen. (Wie bereits erwähnt, wird die Beta-Version von *Spaghettilearnings* Video Conferencing-Modul diesen Nachteil mindestens ausgleichen)

7.3. Neutrale Aspekte

Im größten Teil der Kategorien, neun von insgesamt 16, lassen sich keine klaren Vor- oder Nachteile für eine der beiden Seiten finden.

Zum ersten schließt dies den gesamten didaktischen Bereich mit den drei Unterkategorien *Gruppen / Rollen*, *Assessment* und *Lehr- / Lernmodell* ein. Die Eigenschaften der Punkte *Gruppen / Rollen* und *Assessment* entsprechen weitgehend denen des proprietären Segments. Das Lehr- / Lernmodell hängt hingegen zu weit vom jeweiligen Kursdesigner ab, als dass eine klare Einordnung möglich wäre.
Zweitens ist auch der komplette Service-Bereich mit den Kategorien *Full Service Provider* und *Dokumentation / Online Support* vertreten. Zwar sei nochmals darauf hingewiesen, dass die Qualität der Service Provider natürlich nicht getestet werden konnte, doch festzustellen bleibt, dass sowohl für das proprietäre als auch das Open Source-Segment Dienstleistungen auf allen Service-Leveln bezogen werden können. Dokumentation und Support unterscheiden sich einerseits deutlich in ihren Ausprägungen, weisen aber andererseits kaum qualitative Unterschiede auf.

Drittens finden sich hier die *Features / Funktionen der Lernplattformen*-Unterpunkte *Kursverwaltung*, *Asynchrone Kummunikation* und *Authorwarekomponente*. Für alle drei Kategorien gilt, dass sie bezüglich Umfang, Leistung und Umsetzung der Tools nur sehr geringe Unterschiede zwischen proprietären und offenen Produkten aufzeigen.

Zuletzt muss hier noch der etwas zwiespältige technische Aspekt der Sicherheit Erwähnung finden. In beiden Marktsegmenten lassen sich die wichtigen Mechanismen zur Nutzerauthentizierung (*LDAP*) und zum sicheren Datentransfer (*SSL*) finden. Bezüglich potentieller Angriffe durch Cracker oder schädliche Programme gilt OSS allerdings generell als sicherer - wenn auch nicht unstrittig. Sicherheitsmaßnahmen sollten jeder Installation individuell angepasst werden.

7.4. Entwicklungsbedarf

Entwicklungsbedarf zeigt sich nach dieser Untersuchung vor allem in drei Bereichen, von denen einer direkt die Beschaffenheit der Plattformen betrifft, die beiden weiteren betreffen eher die beteiligten Personen.

Auf funktionaler Ebene muss im OS-Bereich verstärkt an der Implementierung von Standards gearbeitet werden – und es sollten Zertifizierungen angestrebt werden. Diesen Punkt greift auch der Geschäftsführer der *Lerneffekt GmbH Hans Lorenz Reiff-Schoenefeld* im Interview mit www.global-learning.de auf: *„Kein einziges Open Source System arbeitet in den Standardisierungsorganisationen mit oder ist gar zertifiziert."*[154] Dabei ist aber lang- oder mittelfristig davon auszugehen, dass solch einem Zertifikat bei Plattformentscheidungen eine zunehmend wichtige Rolle zuteil wird.

Die zweite Kategorie, aus der sich ein Entwicklungsbedarf ergibt, ist die *Nachhaltigkeit*. Geschehen könnte dies sowohl durch Verbreiterung der Installationsbasis (Marketing), Verpflichtung von Service Providern, Akquise von Sponsoren oder Kooperationen mit anderen Entwicklerteams sowie öffentlichen und privaten Institutionen (insbesondere Universitäten).

Der dritte Punkt ergibt sich nicht aus den Kriterien, sondern allgemein aus den Beobachtungen des Open Source eLearning-Markts.
Es gibt insgesamt zuviele kleine und kurzlebige universitäre Projekte, deren Ziel die Erstellung einer OS eLearning-Plattform ist – die Weiterführung einer bereits vorhandenen Lösung erscheint hier durchaus sinnvoller, da viele durch derartige Projekte entstandene Produkte nach Projektende nicht mehr weiter bearbeitet oder auch nur beachtet werden. Auch darf nicht vergessen werden, dass diese ins Leere laufenden

---

[154]Reiff-Schoenefeld, Hans Lorenz: Virtual Roundtable eLearning, Interview mit www.global-learning.-de, 2004

Projekte häufig mit öffentlichen Geldern finanziert werden, ein Aspekt für den im Rahmen des bereits öfters erwähnten Virtual Roundtable eLearning von www.global-learning.de deutliche Worte von den Interviewten Kraemer / Kuechler gefunden werden: *„Besonders fatal ist diese Haltung, wenn mit öffentlichen Geldern im Hochschulbereich ein Open Source-eLearning-Projekt nach dem anderen wie die sprichwörtliche Sau durchs Dorf getrieben wird."*[155]

Die Bemühungen der vielen Entwickler sollten viel mehr – bzw. überhaupt – gebündelt werden, zumindest national.

Eine zentrale, bundesweite Koordination universitärer Bemühungen um Open Source eLearning dürfte ein enormes Potential freilegen - schließlich steigt die Qualität von OS-Produkten mit der Größe der Entwicklergemeinde. Auch bei der Entwicklung von elektronischen Lerninhalten (also standardisierten Lernobjekten) könnte solch eine Koordinationsstelle genutzt werden, zumindest für Inhalte, die universitätsübergreifend genutzt werden könnten (bspw. Programmiersprachen, Grundwissen Statistik, etc.) und nicht stark von der Lehrmeinung einzelner Professoren abhängig sind.

7.5. Hervorzuhebende Open Source-Plattformen

Um dem sekundären Ziel dieser Arbeit, der Identifikation qualitativ hochwertiger Open Source-Plattformen, gerecht zu werden, seien an dieser Stelle drei Produkte in aller Kürze hervorgehoben. In der Einleitung wurde bereits erwähnt, dass die Ergebnisse der Evaluation des *Commonwealth of Learning (COL)* über OS-Lernplattformen aufgrund der Verfügbarkeit bei der Planung dieser Arbeit nicht berücksichtigt werden konnten[156]. Die Ergebnisse korrelieren allerdings weitgehend mit denen dieser Arbeit, da die drei hier hervorzuhebenden Produkte auch zu den fünf Finalisten der *COL*-Studie gehören.

---

[155]Kraemer, Wolfgang; Kuechler, Tilman: Virtual Roundtable eLearning, Interview mit www.global-learning.de, 2004
[156]Anmerkung: Da es sich um eine Evaluation handelt, findet natürlich auch eine der Situation entsprechende Gewichtung statt, die in dieser Arbeit nicht möglich ist. Außerdem handelt es sich um einen eigenen, nicht identischen – und somit nicht zu 100% kompatiblen – Kriterienkatalog. Das Vorliegen der Studie zu Beginn dieser Arbeit, hätte also höchsten Auswikungen auf die Plattformauswahl gehabt.

ATutor (COL-Studie: Platz 1)

Dieses kanadische LMS hinterlässt einen durchweg guten und professionellen Eindruck und kann vor allem in den Bereichen Authoring, Verwaltung und Kollaboration überzeugen.

Größte Kritikpunkte sind die relativ geringe Nutzer- und Installationsbasis sowie das Fehlen einer großen (mehrere tausend User) Installation. Es könnten sich also evtl. Probleme mit Skalierbarkeit[157] und Nachhaltigkeit ergeben.[158]

Ilias (COL-Studie: Platz 2)

Ilias kann mit sehr flexibler Gruppenarbeit, Standardkonformität, einer aktiven Community und mit einer grossen Referenzinstallation (> 12.000 User) punkten. Die vergleichsweise schwierige Installation sowie die teils etwas gewöhnungsbedüftige Oberfläche lassen sich als einzige Schwachstellen identifizieren.

Die *COL*-Studie kritisiert zusätzlich Schwächen in der englischsprachigen Dokumentation und beim englischsprachigen Support.[159]

Moodle (COL-Studie: Platz 4)

Stärken der Australischen Software sind zum einen Quiz-Tools und bereits integrierte Authenthizierungs-APIs und zum anderen vor allem die didaktische Ausrichtung. *Moodle* bietet als einzige Plattform Tools, die direkt Einfluss auf das Lernmodell nehmen – eine rasche Weiterenwicklung in diese Richtung könnte *Moodle* einen eindeutigen USP bringen.

Das nahezu völlige Fehlen inhaltsbezogener Tools (Präsentation, Authoring) stellt einen klaren Nachteil gegenüber *ATutor* und Ilias dar[160] und sollte zügig integriert werden.

---

[157]Anmerkung: Da mit der von ATutor benutzen Technik (PHP, MySQL) auch andere Programme arbeiten und hoch skaliert vorliegen, ist jedoch auch bei ATutor nicht mit Problemen zu rechnen.
[158]Vgl. o.V.: Commonwealth of Learning LMS Open Source Report, http://www.col.org, 2003
[159]Vgl. o.V.: Commonwealth of Learning LMS Open Source Report, http://www.col.org, 2003
[160]Vgl. ebenda

7.6. Aussichten

Die enorme Entwicklungsgeschwindigkeit einiger der dargestellten OS-Plattformen hat im Laufe dieser Arbeit viele Nachträge und Aktualisierungen erforderlich gemacht. Um der Tendenz zur Momentaufnahmen nochmals entgegenzuwirken und das Bild der Projekte zu vervollständigen, seien hier einige wichtige zukünftige Weiterentwicklungen und Zusatzmodule anhand der jeweiligen Roadmaps aufgeführt.

Plattform	Entwecklungen nach Roadmap (Auswahl)
ATutor	- Atalker, Modul zur Umsetzung von Text in Audio (für Sehbehinderte)
	- ACollab, Groupware (als Plug-In und Stand-Alone)
	- weitergehende SCORM Implementierung
	- Aufbau einer Entwicklergemeinde
Claroline	
Eledge	
Ilias	- neues Hilfesystem
	- weitergehende SCORM Implementierung
	- SAP Interface
Moodle	- verstärkter Aufbau der Community
	- grundlegende Standard-Unterstützung
	- vereinfachte Programmierung von Add-Ons durch Quellcode-Optimierung
OpenUSS	
Spaghettilearning	- Videokonferenz
	- Aufbau ener Entwicklergemeinde
	- SCORM Implementierung

Tabelle 12:Auswahl Weiterentwicklungen anhand der Roadmaps

Quellen: www.atutor.ca, www.claroline.net, www.eledge.org, www.ilias.de, www.moodle.org, www.openuss.de, www.spaghettilearning.com, 07.08.2004

8. Schlussbetrachtung

8.1. Zusammenfassung

Kann das Open Source-Segment auf dem Markt für eLearning-Plattformen einen qualitativen Vergleich mit dem proprietären Segment bestehen? Diese zentrale Fragestellung der Arbeit kann nach ausgiebigem Vergleich anhand der erarbeiteten Kriterienliste durch praktische Tests und Durcharbeitung vorliegender Quellen bejaht werden.

Neben vier Kategorien pro und drei contra Open Source ergaben sich neun Punkte, in denen keine eindeutige Favorisierung möglich war – ohne weitere Gewichtung kann anhand dieser Ergebnisse keinem Segment ein eindeutiger Vorzug gegeben werden.

Sekundäres Ziel dieser Arbeit war die Identifikation hochwertiger OS-Plattformen. Besonders hervorgehoben haben sich dabei *ATutor* (Kanada), *Ilias* (Deutschland) und *Moodle* (Australien).

Des weiteren sollte der Entwicklungsbedarf im OS-Segment aufgezeigt werden. Neben Investitionen in Standardisierungsbemühungen und Nachhaltigkeit sollte vor allem an einer Koordination der verschiedenen OS-Projekte gearbeitet werden, um redundante Entwicklungsarbeit und folglich allzu kurzlebige Projekte zu verhindern.

8.2. Fazit

Fazit dieser Arbeit ist, dass Open Source eLearning Plattformen verstärkt bei Entscheidungsprozessen miteinbezogen werden sollten.

Aufgrund der rapiden Weiterentwicklung von OS-Produkten stellt dies für Evaluatoren allerdings ein Problem dar, da im Laufe von wenigen Monaten häufig dramatische Veränderungen zu beobachten sind. Wünschenswert wäre in diesem Zusammenhang ein Online-Informationssystem, welches möglichst viele OS-Plattformen (im Optimalfall auch proprietäre Plattformen) anhand einer möglichst umfangreichen Kriterienliste tagesaktuell darstellt und bewertet. Durch freie Auswahl unter diesen Kriterien sowie Vergabe von Gewichtungen und K.O.-Kriterien seitens der Website-

Besucher könnte so ein wertvolles Hilfsmittel für Evaluatoren entstehen, welches auch für das Marketing der OS-Produkte und somit für die Nachhaltigkeit von Vorteil sein könnte.

9. Literaturverzeichnis

Websites

www.atutor.ca

www.berlios.de

www.blackboard.com

www.c-lab.de

www.catb.org

www.claroline.net

http://courses.mwcc.mass.edu

www.dwheeler.com

www.educational-design.com

www.edugo.de

www.eledge.org

www.freshmeat.net

www.global-learning.de

www.golem.de

www.gnu.org

www.heise.de

www.ilias.de

www.lerneffekt.de

www.masie.com

www.mitlinx.de

www.moodle.org

www.openldap.org

www.openoffice.org

www.openuss.de

www.opensource.org

www.openssl.org

www.oreilleynet.com

www.qualitus.de

www.sourceforge.net

www.spaghettilearning.com

www.unicat-communications.de

http://web.mit.edu/kerberos

www.webct.com

Artikel / Bücher

➢ Bailey, Michelle; Turner, Vernon; Bozman, Jean; Waxman, Janet: Linux Servers: What's the Hype, and What's the Reality, IDC, 2000

➢ Baumgartner, Peter; Häfele Hartmut; Maier-Häfele, Kornelia: E-Learning Praxishandbuch – Auswahl von Lernplattformen, StudienVerlag, 2002

➢ Bromberger, Norbert; Kiedrowski, Joachim von: Virtual Roundtable eLearning, 2004, Interview mit:

  www.global-learning.de

➢ Gacek, Christina; Lawrie, Tony; Arief, Budi: The many meanings of Open Source 1999, University of Newcastle

➢ Hafer, Jörg: Thesen zum Thema „Open Source" und e-Learning, 2004, auf:

http://www.educational-design.com

➢ Hang, Jiayin; Hohensohn, Heidi Dr.: Eine Einführung zum Open Source Konzept aus Sicht der wirtschaftlichen und rechtlichen Aspekte, C-LAB Report Vol. 2, 2003, auf:

http://www.c-lab.de

➢ Kenwood, Carolyn A.: A Business Case Study of Open Source Software, 2001

➢ Küster, Uwe: Open Source Software – Ein Weg aus der Abhängigkeitsfalle zurück in Unternehmerische Freiheit, in: Gehring, Robert A.; Lutterbeck, Bernd (Hrsg.): Open-Source-Jahrbuch 2004, Berlin, 2004

➢ Leiteritz, Raphael: Kommerzieller Einsatz von OSS und OSS-Geschäftsmodelle, 2003

➢ O'Reilly, Tim: Ten Myths about Open Source Software, 1999, auf: http://www.o-reilleynet.com

➢ o.V.: Commonwealth of Learning LMS Open Source Report, 2003, auf:

http://www.col.org

➢ o.V.: Free software, big business?, Schriftenreihe E-conomics Deutsche Bank Research, Ausgabe 32, 2002

➢ o.V.: Learning Systems Brochure, 2004, auf:

http://www.blackboard.com

➢ o.V.: Making Sense of Learning Specifications & Standards: A Decision Maker's Guide to their Adoption 2. Edition, MASIE Center, 2003, auf:

http://www.masie.com

➢ o. V.: Microsoft vergleicht MS Office mit OpenOffice, 05.04.2004, auf: http://www.heise.de/newsticker/meldung/46057,

➢ o.V.: Microsoft-Betriebssysteme dominieren weiter, 08.10.2003, auf: http://www.heise.de

➢ o.V.: „Mit Alternativen zu Microsoft Office sparen Unternehmen bis zu 25 Prozent", 05.04.2004, auf:

http://www.unicat-communications.de/tech/php/xin.php?kid=16&prm_id=396

➢ o.V.: „Microsoft würdigt OpenOffice 1.1...", 05.04.2004, auf:

http://www.golem.de/0403/30544.html

➢ Raymond, Eric S.: The Cathedral and the Bazaar,1999, auf:

http://catb.org

➢ Reiff-Schoenefeld, Hans Lorenz: Virtual Roundtable eLearning, 2004, Interview mit:

www.global-learning.de

➢ Schulmeister, Rolf: Selektions- und Entscheidungskriterien für die Auswahl von Lernplattformen und Autorenwerkzeugen, 2000

➢ Schulmeister, Rolf: Lernplattformen für das virtuelle Lernen : Evaluation und Didaktik, Oldenbourg, 2003

➢ Schulmeister, Rolf: Virtual Roundtable eLearning, 2004, Interview mit:

www.global-learning.de

➢ Wheeler, David A.: Why Open Source Software / Free Software (OSS/FS)? Look at the Numbers!, 2003, auf:

http://www.dwheeler.com

Anhang A: Datenblätter Plattformen / Testumgebung

Testumgebung:

Hardware: AMD Athlon XP 2500+, 1GB RAM

Software: Windows 98, Apache 1.3.19, MySQL 3.23.14, PHP 4.3.2, Jakarta
Tomcat 5.0.16, Java 2 SDK 1.4.2

Datenblätter:

Kategorie	Subkategorie / Beschreibung	
Produkt	Moodle 1.2.1 (MySQL / PHP)	
Hersteller / Pro-jektleitung	Martin Dougiamas	
Adressen	Http://www.moodle.org, http://sourceforge.net, http://freshmeat.net	
Nachhaltigkeit	Projektstart 1999, 1060 registrierte Sites, 78 Länder, 34 Sprachen, >300 Down-loads täglich, Haupttätigkeit des Herstellers	
Technik	Systemvoraussetzungen	k.A.
	Anpassung / Erweite-rung	Anpassung über Source Code (dokumentiert) / Erwei-terung durch vorhandene / eigene Plug Ins
	Sicherheit	Nutzerauthentizierung über LDAP, POP3, IMAP, NNTP, externe Datenbanken, Einschreibung nur über Instuktor
Didaktik	Gruppen / Rollen	Administrator, Instruktor, Student
	Assessment	Fragenpools, Rückführung zu Lerninhalten, Multi-mediaobjekte integrierbar, Zufallsfragen für Tests Unterstützte Fragetypen: Single Choice, Multiple Choi-ce, Multiple Answer, True / False, Zuordnungsaufga-ben, Sortieraufgaben, Textantworten Schnittlstellen zu: Blackboard, GIF, Course Test Ma-nager, WebCT, Aiken
	Lehr- / Lernmodell	Lerner- und Lehrerzentriert Kurse können nach Wochen, Inhalten oder Community Funktionen dargestellt werden
Usability	Einrichtung	
	Plattformbenutzung	
Standards	IMS (Grundlegende Unterstützung von SCORM in Planung)	
Service	Service Provider	Full Service Provider (Deutschland: www.edugo.de)
	Dokumentation / Support	Ausführliche mehrsprachige Dokumentation / Freier Online Support
Features / Funktionen	Nutzerverwaltung	Umfangreiches Nutzerprofil, Avatare, Suchfunktion in-nerhalb aller Nutzer, Statistiken über abgelegte Tests

Kategorie	Subkategorie / Beschreibung	
	Kursverwaltung	Kursattribute: Name, Kürzel, Zusammenfassung, Zu-gangs-Schlüssel, Gast-Zugriff, Kategorie, Lernmodell, Anzeige neuer Kurs-Aktivitäten, Lehrer- und Lerner-Bezeichnungen
		Kurselemente: Tests, Foren, Journal, Links, Umfrage / Wahl, Dokumentablage
	Synchrone Kommunika-tion	Chat
	Asynchrone Kommuni-kation	Foren
	Personalisierung	Nein
	Präsentation	Nur Einbindung über Dokumentablage / Links
	Authorware	Nein
	Sonstiges / Besonder-heiten	

Quellen:
- www.moodle.org
- Eigene Installation

Kategorie	Subkategorie / Beschreibung	
Produkt	Ilias 2.4.4 / Ilias 3.0.0_beta5 (MySQL / PHP)	
Hersteller / Pro-jektleitung	Wirtschafts- und Sozialwissenschaftliche Fakultät der Universität zu Köln (im Rahmen des VIRTUS-Projekts	
Adressen	Http://www.ilias.de, http://sourceforge.net, http://freshmeat.net	
Nachhaltigkeit	Projektstart 2000, über 100 Referenzinstallationen, diverse Partner aus Forschung und Wirtschaft	
Technik	**Systemvoraussetzungen**	Unix bis 15 Tsd. User: SUN E250, 1 GB RAM, 2 Prozesso-ren ab 15. Tsd. User: SUN E450, 1-2 GB RAM, 2 Prozes-soren oder verteiltes System
		Linux / Windows NT / 2000 bis 15 Tsd. User: PIII, 1GB RAM, 2 Prozessoren ab 15 Tsd. User: s.o. Als verteiltes System
	Anpassung / Erweite-rung	Anpassung über Template-Editor / Erweiterung über Source Code
	Sicherheit	Nutzerauthentizierung über LDAP, Datentransfer via SSL
Didaktik	**Gruppen / Rollen**	Freie Gruppenbildung, freie Vergabe von Rechten an Rollen, neue Rollendefinitionen innerhalb der Gruppen

Kategorie	Subkategorie / Beschreibung	
	Assessment	Zeitbeschränkung, Lösungshinweise Unterstützte Fragetypen: MultipleChoice, Single Choice, True / False Schnittstelle zu Webassign
	Lehr- / Lernmodell	Lerner- und Lehrerzentriert
Usability	Einrichtung	
	Plattformbenutzung	
Standards	Ariadne, IMS, DCMI, SCORM, AICC, XML	
Service	Service Provider	Full Service Provider (Deutschland: www.qualitus.de)
	Dokumentation / Support	Ausführliche mehrsprachige Dokumentation / Freier Online Support
Features / Funktionen	Nutzerverwaltung	Umfangreiches Nutzerprofil, Avatare, Suchfunktion innerhalb aller Nutzer, Statistiken über abgelegte Tests
	Kursverwaltung, -erstellung	Erstellung von Kursen mit beliebiger Hierarchie für Inhalte (Baumstruktur) Kursattribute, -elemente: Ilias orientiert sich nicht an Kursen, sondern an Gruppen. Diesen können Inhalte, Foren, Linklisten usw. zugeordnet werden.
	Synchrone Kommunikation	Chat
	Asynchrone Kommunikation	Foren, Webmail, Persönliche Nachrichten
	Personalisierung	Skins, Bookmarks
	Präsentation	Darstellung in Frames, Vor- und Rück-Button, keine Baumstruktur im Präsentationsmodus
	Authorware	Editor für Text, Tabelle und Umfrage, Multimediaobjekte integrierbar
	Besonderheiten	Integration von eCommerce für Learning Objects

Quellen:
- www.ilias.de
- Demoinstallation auf www.ilias.uni-koeln.de
- Baumgartner, Peter; Häfele Hartmut; Maier-Häfele, Kornelia: E-Learning Praxishandbuch – Auswahl von Lernplattformen, StudienVerlag, 2002

Kategorie	Subkategorie / Beschreibung	
Produkt	Eledge 3.1.0 (MySQL / Java)	
Hersteller / Projektleitung	Department of Chemistry der University of Utah	
Adressen	http://www.eledge.org, http://sourceforge.net	
Nachhaltigkeit	Keine Informationen verfügbar	
Technik	Systemvorraussetzungen	k.A.

Kategorie	Subkategorie / Beschreibung	
	Anpassung / Erweiterung	Anpassung von Farben, Schrift, Menüeinträgen über Editor / Erweiterung durch eigene Java Servlets möglich (Modularer Aufbau)
	Sicherheit	Keine
Didaktik	Gruppen / Rollen	Instruktor, Student, Gast
	Assessment	Unterstützte Fragetypen: Multiple Choice, Multiple Answer, True / False, Lückentext, Zahl, Textantworten
	Lehr- / Lernmodell	Lehrerzentriert
Usability	Einrichtung	
	Plattformbenutzung	
Standards	Keine	
Service	Service Provider	Nein
	Dokumentation / Support	Minimale englische Dokumentation, kein Online Support
Features / Funktionen	Nutzerverwaltung	Nur Zuordnung zu Kursen
	Kursverwaltung	Ein Kurs entspricht einer Installation Kurselemente: Beschreibung, Profil, Dokumentablage, Tests, Journal, Statistiken, Webmail, Foren, Portofolio, Kalender
	Synchrone Kommunikation	Keine
	Asynchrone Kommunikation	Webmail, Foren
	Personalisierung	Umfangreiche Portofolios für Studenten
	Präsentation	Nur Einbindung über Dokumentablage / Links
	Authorware	Nein
	Besonderheiten	

Quellen:
- http://eledge.sourceforge.net
- Eigene Installation

Kategorie	Subkategorie / Beschreibung	
Produkt	OpenUSS 1.3 (jdbc-tauglichen Datenbank, Java)	
Hersteller	Fachbereich Wirtschaftsinformatik und Controlling, Westfälische Wilhelms-Universität Münster	
Adressen	http://openuss.sourceforge.net	
Nachhaltigkeit	Projektstart 2000, 11 Referenzinstallationen (BRD, Österreich, Indonesien, Mexiko), 5 Sprachen	
Technik	Systemvoraussetzungen	Alle Betriebssysteme, 300 Mhz, 128 MB RAM, ca. 5 GB Speicherplatz

Kategorie	Subkategorie / Beschreibung	
	Anpassung / Erweiterung	Anpassung über Source Code / Erweiterung über Enterprise Java Beans (Modularer Aufbau)
	Sicherheit	k.A.
Didaktik	Gruppen / Rollen	Administrator, Student, Mitarbeiter
	Assessment	Quiz-Modul funktionierte in lokaler Installation nicht, Demoinstallation nicht verfügbar
	Lehr- / Lernmodell	Lerner- und Lehrerzentriert
Usability	Einrichtung	
	Plattformbenutzung	
Standards	keine	
Service	Service Provider	Application Service Provider
	Dokumentation / Support	Wenig Dokumentation, Online Support nach Registrierung
Features / Funktionen	Nutzerverwaltung	Nutzerprofil, grundlegende Funktionen zum Anlegen und Löschen von Nutzern
	Kursverwaltung	Erstellung von Kursen ohne Hierarchie Kursattribute: Kurselemente:
	Synchrone Kommunikation	Chat
	Asynchrone Kommunikation	Foren, Mailingliste
	Personalisierung	Skins, Dateiupload
	Präsentation	Nein
	Authorware	Nein
	Besonderheiten	News können per WAP und SMS bezogen werden, Integration in PostNuke (Content Management System) möglich

Quellen:
http://openuss.sourceforge.net
Eigene Installation

Kategorie	Subkategorie / Beschreibung	
Produkt	Spaghettilearning 1.1 RC (MySQL / PHP)	
Hersteller	Claudio Erba, Fabio Pirovano, Andrea Biraghi (privates Entwicklerteam)	
Adressen	www.spaghettilearning.com, http://sourceforge.net, http://freshmeat.net	
Nachhaltigkeit	Projektstart ca. 2002, 2 Sprachen,	
Technik	Systemvoraussetzungen	k.A.

Kategorie	Subkategorie / Beschreibung	
	Anpassung / Erweiterung	Anpassung über Source Code / Erweiterung durch vorhandene / eigene Plug Ins (Modulhafter Aufbau)
	Sicherheit	Keine
Didaktik	Gruppen / Rollen	Administator, Instuktor, Student, Mitarbeiter, Gruppen sind erstellbar (ohne Rechtevergabe)
	Assessment	Multiple Choice
	Lehr- / Lernmodell	Lehrerzentriert
Usability	Einrichtung	
	Plattformbenutzung	
Standards	keine	
Service	Service Provider	Full Service Provider (über Entwicklerteam / Italien)
	Dokumentation / Support	Minimale Dokumentation (Englisch nur teilweise) / Freier minimaler Online Support
Features / Funktionen	Nutzerverwaltung	Nutzerprofil, grundlegende Funktionen zum Anlegen und Löschen von Nutzern, Statistiken über abgelegte Tests
	Kursverwaltung	Erstellen von Kursen mit einer Ordnerebene
		Kursattribute: Name, Kürzel, Kategorie, Sprache
		Kurselemente: Profil, Notizen, Statistiken, Ankündigung, Agenda, Dateiablage, Links, Foren, Chat, Nutzerliste, Tests
	Synchrone Kommunikation	Chat, (Virtual Classroom mit Videokonferenz und Whiteboard als Beta-Version)
	Asynchrone Kommunikation	Foren, Nachrichten
	Personalisierung	Nein
	Präsentation	Minimal mit Vor-, Rückbutton (Dateiablage erweitert um Texteditor)
	Authorware	Texteditor mit Dateiablage verknüpft
	Besonderheiten	Integration in PHP-Nuke (Content Management System) möglich

Quellen:
http://www.spaghettilearning.com
Eigene Installation

Kategorie	Subkategorie / Beschreibung
Produkt	Claroline (MySQL / PHP)
Hersteller	Institut de Pédagogie universitaire et des multimédias, Université Catholique de Louvain
Adressen	Http://www.claroline.net, http://sourceforge.net, http://freshmeat.net

Kategorie	Subkategorie / Beschreibung	
Nachhaltigkeit	Über 16.000 Downloads in 15 Monaten, Einsatz in >200 Organisationen, 40 Länder, 20 Sprachen	
Technik	**Systemvoraussetzungen**	k.A.
	Anpassung / Erweiterung	Anpassung über Source Code / Erweiterung über vorhandene / eigene Plug Ins (Modulhafter Aufbau)
	Sicherheit	Nutzerauthentizierung über LDAP
Didaktik	**Gruppen / Rollen**	Administrator, Instuktor, Student, Gruppenbildung innerhalb von Kursen möglich
	Assessment	Multiple Choice, Lückentext, Zuordnungsaufgaben
	Lehr- / Lernmodell	Lerner- und Lehrerzentriert (Lernpfad definierbar)
Usability	**Einrichtung**	
	Plattformbenutzung	
Standards	SCORM	
Service	**Service Provider**	k.A.
	Dokumentation / Support	Ausführliche mehrsprachige Dokumentation / Freier Online Support
Features / Funktionen	**Nutzerverwaltung**	Minimale Nutzerprofile, Statistiken über Zugriffe auf Seiten, Tools und Tests
	Kursverwaltung	Erstellung von Kursen mit beliebiger Hierarchie für Inhalte
		Kursattribute: Kürzel, Kursleiter (Mail), Kategorie, Einschreibungsmethode, Sprache
		Kurselemente: Agenda, Dokumentablage, Tests, Upload, Ankündigung, Foren, Chat, Gruppen, Lernpfad
	Synchrone Kommunikation	Chat
	Asynchrone Kommunikation	Foren
	Personalisierung	Nein
	Präsentation	Über Lernpfad realisierbar
	Authorware	WYSIWYG-Editor in Kombination mit Lernpfad stellt eine grundlegende Autorenfunktion dar
	Besonderheiten	
Quellen: http://www.claroline.net Eigene Installation		

Kategorie	Subkategorie / Beschreibung
Produkt	Atutor 1.3.3 (MySQL / PHP)
Hersteller	Privates Entwicklerteam mit Unterstützung aus privaten und öffentlichen Vereinen

Kategorie	Subkategorie / Beschreibung	
Adressen	Http://www.atutor.ca, http://sourceforge.net, http://freshmeat.net	
Nachhaltigkeit	Projektstart 2001, 40 Sprachen	
Technik	Systemvorraussetzun-gen	k.A.
	Anpassung / Erweite-rung	Anpassung über integrierten CSS-Editor / Erweiterung durch vorhande / eigene Plug Ins (Modulhafter Aufbau)
	Sicherheit	Log-in Beschränkung über Account oder Instuktor
Didaktik	Gruppen / Rollen	Administator, Instruktor, Student
	Assessment	Multiple Choice, True / False, Textantworten
	Lehr- / Lernmodell	Lehrerzentriert
Usability	Einrichtung	
	Plattformbenutzung	
Standards		
Service	Service Provider	Full Service Provider
	Dokumentation / Support	Ausführliche mehrsprachige Dokumentation / Freier Online Support
Features / Funktionen	Nutzerverwaltung	Nutzerprofile, Statistiken über abgelegte Tests und die Wege des Nutzers durch die Kursseiten (Lernpfad)
	Kursverwaltung	Erstellung von Kursen mit beliebiger Hierarchie für In-halte
		Kursattribute: Titel, Kursleiter, Beschreibung, Katego-rie, Hierarchieebene für Content Packaging einstellbar, Einschreibungsmethode, max. Kursgrösse, Statistiken ein / aus
		Kurselemente:Content, Volltextsuche, Sitemap, Glossar, Tests, Statistiken, Foren, Hilfe, Links
	Synchrone Kommunika-tion	Chat
	Asynchrone Kommuni-kation	Foren, Private Nachrichten
	Personalisierung	Farben, Schriften, Menüs
	Präsentation	Vor- und Rückbutton, Baumstruktur
	Authorware	WYSIWYG-Editor
	Besonderheiten	Behindertengerecht durch Einhaltung der W3C Ac-cessability Richtilinien auf AA+ Level PostNuke Integration Ab nächstem Release: Groupware Funktionalitäten, Tool zum Vorlesen der Lerninhalte für Gehörlose

Quellen:
http://www.atutor.ca
Eigene Installation

Kategorie	Subkategorie / Beschreibung	
Produkt	Blackboard 5.6	
Hersteller	Blackboard Inc.	
Adressen	Www.blackboard.com	
Nachhaltigkeit	Gründungsdatum 1997, 430 Mitarbeiter, 46 Mio. US$ Umsatz in 2001	
Technik	**Systemvoraussetzungen (Auszug)**	Unix / Solaris Bis 3000 User: 2-Ultrasparc II 450 MHz, 2 GB RAM 6000 – 12000 User: Zwei Server 4-Ultrasparc II 450 MHz, 4 GB RAM (plus Oracle Datenbank) Linux Bis 3000 User: 2 PIII 800 MHz, 2 GB RAM 6000 – 12000 User: Zwei Server 4 PIII 800 MHz, 4 GB RAM (plus Oracle Datenbank) Windows NT / 2000 Bis 3000 User: 2 PIII 800 MHz, 2 GB RAM (plus SQL Server 2000 und MS Internet Information Server) 6000 – 12000 User: Zwei Server 4 PIII 800 MHz, 4 GB RAM (plus SQL Server 2000 und MS Internet Information Server)
	Anpassung / Erweiterung	Anpassung über integrierten Editor / Erweiterung über kommentierte Schnittlstellen und Building Blocks Programm (Entwicklernetzwerk lizensierter Blackboard Nutzer)
	Sicherheit	Nutzerauthentizierung über LDAP, Datentransfer via SSL
Didaktik	**Gruppen / Rollen**	Systemweite Rollen: Alle, Alumni, Fakultät, Gäste, Andere, zukünftige Studenten, Mitarbeiter, Studenten Kursbezogene Rollen: Instuktor, Assisstent, Autor, Student
	Assessment	Fragenpools, Rückführung zu Lerninhalten, Multimediaobjekte integrierbar, Zufallsfragen für Tests Unterstützte Fragetypen: Single Choice, Multiple Choice, Multiple Answer, True / False, Zuordnungsaufgaben, Sortieraufgaben, Textantworten Schnittlstellen: realisierbar über Building Blocks
	Lehr- / Lernmodell	Lerner- und Lehrerzentriert
Usability	**Einrichtung**	
	Plattformbenutzung	
Standards	Alle international anerkannten Standards	
Service	**Service Provider**	Full Service Provider
	Dokumentation / Support	Ausführliche mehrsprachige Dokumentation und WBTs / kostenpflichtiger Support auf allen Levels, Foren für registrierte Nutzer
Features / Funktionen	**Nutzerverwaltung**	k.A.

Kategorie	Subkategorie / Beschreibung	
	Kursverwaltung	
		Kursattribute: Name, ID, Beschreibung, Button-Design, Themengebiet, Disziplin, Gastzugriff, Kurs veröffentlichen (online schalten ja/nein), Kategorie, Instruktor (Nutzer oder neuer Account)
		Kurselemente:
	Synchrone Kommunikation	Virtual Classroom (Whiteboard, Chat), Schnittlstellen zu beispielsweise MS Netmeeting, Bantu Messaging, Horizon Live
	Asynchrone Kommunikation	Foren, Webmail
	Personalisierung	Module und Farben auf der Startseite anpassbar
	Präsentation	
	Authorware	Nein
	Besonderheiten	

Quellen:
- Baumgartner, Peter; Häfele Hartmut; Maier-Häfele, Kornelia: E-Learning Praxishandbuch – Auswahl von Lernplattformen, StudienVerlag, 2002

Kategorie	Subkategorie / Beschreibung	
Produkt	WebCT Campus Edition 3.7	
Hersteller	WebCT Inc.	
Adressen	www.webct.com, www.lerneffekt.de (Vertrieb Deutschland)	
Nachhaltigkeit	Gründungsdatum 1994, 320 Mitarbeiter	
Technik	**Systemvoraussetzungen**	Unix Bis 15000 User: PIII 550, 256 MB RAM Ab 15000 User: 2 PIII 550, 512 MB RAM Windows NT / 2000 Bis 15000 User: 2 PIII 550, 512 MB RAM Ab 15000 User: 2 PIII 550, 1 GB RAM Festplattenkapazität Installation 40 MB, Kurs ca. 2 MB, User ca. 1 MB, Content x MB
	Anpassung / Erweiterung	Anpassung des Layouts über Editor / Erweiterung durch beziehbare Plug Ins
	Sicherheit	Nutzerauthentizierung über LDAP, Datentransfer via SSL
Didaktik	**Gruppen / Rollen**	Administrator, Instruktor, Student, einzelne Module wie z.B. Tests können selektiv freigegeben werden (z.B. nur für Studenten mit einer bestimmten Zwischennote) evtl. weitere Rollen / Gruppen möglich, genauere Angaben nicht verfügbar

Kategorie	Subkategorie / Beschreibung	
	Assessment	Umfangreiche Zugangsbeschränkungen möglich Unterstützte Fragetypen: Single Choice, Multiple Choice, True / False, Textantworten
	Lehr- / Lernmodell	Lerner- und Lehrerzentriert
Usability	**Einrichtung**	
	Plattformbenutzung	
Standards	IMS	
Service	**Service Provider**	Full Service Provider
	Dokumentation / Support	Ausführliche mehrsprachige Dokumentation und WBTs / kostenpflichtiger Support auf allen Levels, Foren für registrierte Nutzer
Features / Funktionen	**Nutzerverwaltung**	Statistiken über abgelegte Tests und Seitenzugriffe innerhalb des Kurses
	Kursverwaltung	Erstellung von Kursen mit beliebiger Hierarchie für Inhalte, mehrere Inhaltsmodule pro Kurs möglich
		Kursattribute: Lehrkraft, Sprache (Teilnehmer, Lehrkräfte), Ziffer- und Zeitformat, Menü- und Layout-Optionen, Kurz-Links für Instuktoren
		Kurselemente: Tests, CD-ROM, Chat, Foren, Glossar, Inhalte, Kalender, Kursteilnehmer-Homepages und -Präsentationen, Lehrplan, Whiteboard, Ankündigung
	Synchrone Kommunikation	Whiteboard, Chat
	Asynchrone Kommunikation	Foren, Webmail
	Personalisierung	Links, Farben, Zugriffsoptionen (z.B. lässt sich DHTML abschalten)
	Präsentation	Vor- und Rückbutton, Inhaltsverzeichnis, jede Inhaltsseite kann individuell mit Funktionen (Links, Tests, etc.) und Farben angepasst werden
	Authorware	WYSIWYG-Editor
	Besonderheiten	Inhalte lassen sich in beliebig hoher Hierarchie ausdrucken, umfangreicher Dateibrowser

Quellen:
- Demoinstallation auf www.lerneffekt.de
- Baumgartner, Peter; Häfele Hartmut; Maier-Häfele, Kornelia: E-Learning Praxishandbuch – Auswahl von Lernplattformen, StudienVerlag, 2002

Anhang B: Screenshots

Die hier aufgeführten Screenshots sollen einen Eindruck des Look & Feels vermitteln, so dass es nicht von Belang ist jedes (textliche) Detail zu erkennen – um den Anhang in angemessenem Rahmen zu halten, sind die Abbildungen verkleinert dargestellt. Die Screenshots zeigen jeweils die Startseite eines Kurses mit Standard-Design aus Dozentensicht (d.h. inklusive der Bearbeitungsbuttons und – links). Insofern die Kursstartseite der Plattform keine Inhalte oder Elemente aufweist, handelt es sich um einen weitestgehend repräsentativen Screenshot.

-- Moodle – Kursstartseite inklusive Designeroptionen

-- Spaghettilearning, Inhaltsseite inklusive Designeroptionen

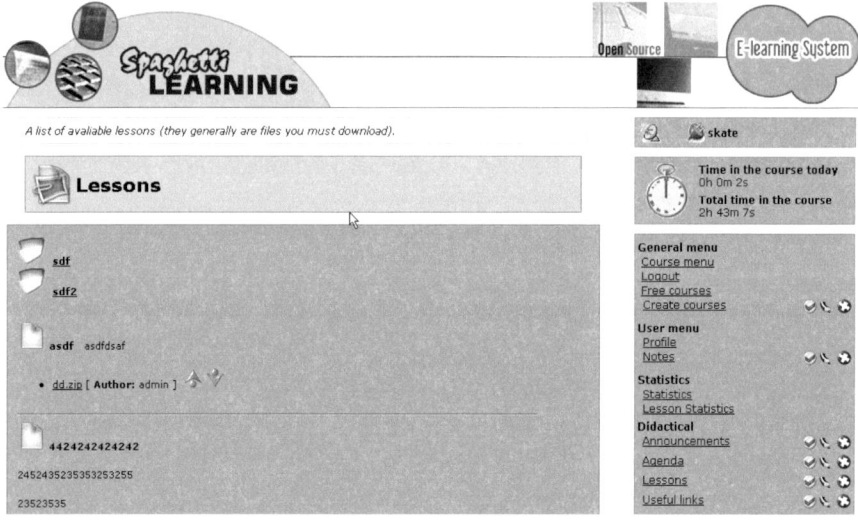

-- Claroline, Kursstartseite

-- ATutor, Kursstartseite inklusive Designeroptionen

-- Ilias, Persönlicher Desktop

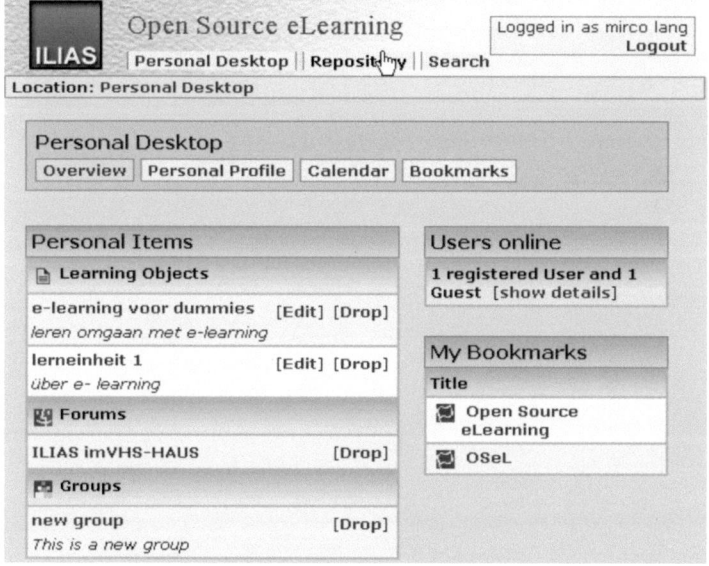

-- OpenUSS, Kursstartseite

Mein Arbeitsplatz | Abo | Persönliche Daten | Anwenderforum | Logout

Veranstaltung

Vorlesung: Strukturen der
europäischen
Kommunikationsgeschichte

Dozentenliste anzeigen

Studentenliste anzeigen

Home > Geschichts- und... > Sommersemester ... > Vorlesung: Stru...

Materialien Chat Diskussion Mailingliste

Datum: Nachrichten

14.05.02: Dozent: PD Dr. Stefan Haas; Fr. 10-12, H2
Kommunikation gehört zu den zentralen Stichworten der
wissenschaftlichen Forschung in den letzten Jahren. Die Art und
Weise, wie Menschen miteinander sprechen oder sich durch
andere Zeichen verständigen, konstituiert wesentlich die Form,
in der sie zusammenleben. Die Vorlesung vermittelt einen Überblick
über die Entwicklung der Kommunikationsformen und -medien in
der europäischen Geschichte der neuen und neueren Zeit.
Dargestellt wird, wie sich die rituelle Festlegung von face-to-face
Situationen zwischen Menschen im Verlauf der Geschichte
verändert haben und welche Rolle Medieninnovationen für die
Veränderung der Nah- und Fernkommunikation hatten. Daneben
werden die Zugänge verschiedener Wissenschaften zum Thema
Kommunikation vermittelt und ihre Brauchbarkeit für die
Geschichtswissenschaften untersucht.

Veranstaltungsinformation

Institution **Geschichts- und Wissenschaftstheorie**
Zeitraum **Sommersemester 2002**

Veranstaltung Vorlesung: Strukturen der
europäischen Kommunikationsgeschichte

-- Eledge, Kursverwaltung inklusive Designeroptionen

Eledge Course Parameters

THE
UNIVERSITY
OF UTAH
Department of Chemistry

*Make any desired changes here, then click the 'Save Course Parameters'
button.*

**Advanced
Physical
Chemistry Lab**

Home
Syllabus
My Profile
Resources
Pre-Lab Quiz
Exam
Homework
Journal
Lab Reports
Peer Review
Scores
Email
Discussions
Portfolio
Calendar
Login
Logout
Help
Instructor

Parameter Name	Current Value
Title	Advanced Physical Chemistry Lab
AllowNewProfiles	true
NumberOfSections	2
ImgSrc	/Eledge/images/uofu.gif
ImgLink	
ImgAlt	University of Utah
AnchorTop	<a href=http://www.chem.utah.edu>Department of
AnchorBottom	<a href=http://www.utah.edu/disclaimer/disclaime
BgColor	#FFFFFF
LinkColor	#0000FF
AlinkColor	#FF0000
VlinkColor	#800080
NavBgImg	none
Basefont	Arial
AllowProfileEditing	true

Save Course Parameters	Restore Original Values

126

-- WebCT, Kursstartseite mit Designeroptionen

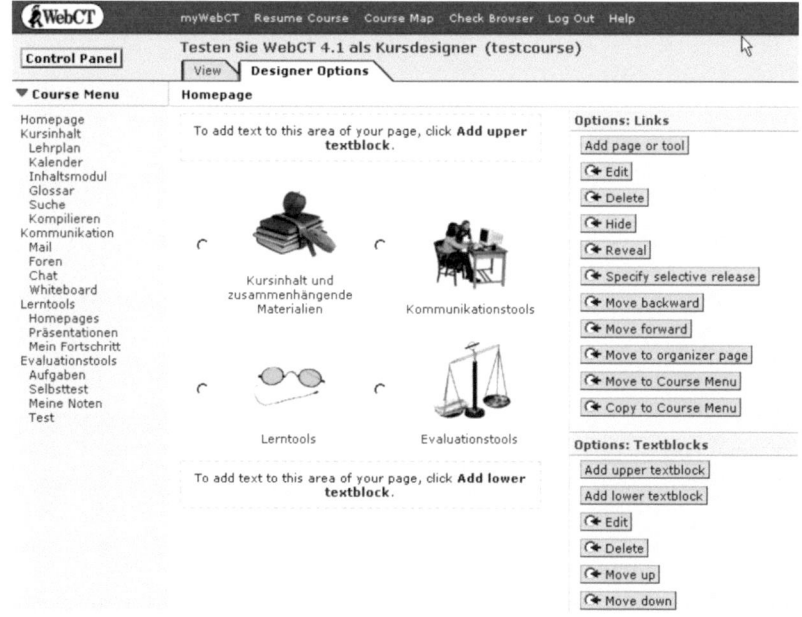

-- Blackboard, Beispielquiz

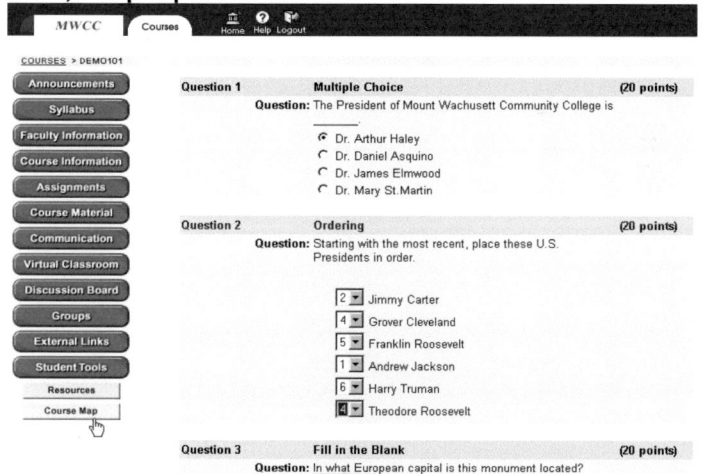